なぜ日本経済は後手に回るのか

森永卓郎

角川新書

はじめに——とてつもない大転落

2020年8月のNHKの世論調査で、安倍晋三《あべしんぞう》内閣の支持率が34％と、第2次安倍政権発足以降最低の水準に下がった。不支持率は47％だったが、なぜ不支持なのかを聞くと、最も多かったのが、「政策に期待が持てないから」の37％だった。

新型コロナウイルス（COVID－19）の感染拡大が続くなかでＧｏ Ｔｏ トラベルキャンペーンを強行するなど、ちぐはぐな政策が続いていることで、国民は安倍内閣の政権運営に大きな疑問を持ち始めている。中国や韓国は、コロナ感染をほぼ収束させ、経済活動や社会生活は、日常を取り戻している。感染が爆発したアメリカ・ニューヨーク市でも、収束に近いところまで、感染を抑え込んでいる。ところが、日本だけが、大きな第2波の感染に見舞われ、いまだに収束の気配さえ見えない状況が続いている。当然、経済も転落を続けている。このままでは、日本の平均所得がいずれ韓国や中国に追い抜かれてしまうだろう。

そんなバカげたことは、あり得ないと思われるかもしれない。最近、昔の統計を見ていて驚いたことがある。時給の国際比較だ。2002年時点で、日本の平均時給は2223円で、アメリカの1825円、ドイツの1816円、イギリスの1918円をはるかに上回る先進国トップの水準だった。

統計のベースが異なるので、厳密な比較はできないのだが、労働政策研究・研修機構(JILPT)の「データブック国際労働比較2019」によると、2017年の日本の平均時給は2358円で、アメリカの3419円、ドイツの3914円、イギリスの2617円と比べて、圧倒的に安くなっている。

一体、この15年間に何があったのか。私は、官僚たちが、致命的な政策の失敗を繰り返したことが転落の原因だと考えている。1980年代までの官僚は、ずっと国のことだけを考え、常に天下国家を論じていた。だから国のために、残業代が払われるわけでもないのに、安い給料で連日深夜まで必死で働いていた。1980年代に私は知人の女性に霞《かすみ》が関《せき》の官僚を紹介したことがある。彼女は、まもなく結婚をした。しばらくして、彼女から抗議の電話がかかってきた。「高給官僚だって言ったじゃないですか」。私は「上級職試験を通った高級官僚だよ」と言っただけだった。

しかし、最近の官僚は、いつの間にか世間と比べてずっと高くなった年収をむさぼりながら、自ら汗をかくことをしなくなった。彼らは、安定して高給が得られる職業として国家公務員を選んでいる。だから、常に考えているのは、天下国家ではなく、自分のことだ。彼らは、東京のオフィスで「お仲間」と癒着して利権をむさぼるようになった。つまり、官僚の腐敗が、日本の政策を歪《ゆが》め、日本経済を転落させたのだ。

今回のコロナ対策では、その官僚の腐敗ぶりが集中的に現れた。本書では、それを詳細に分析していく。ちなみに、日本を立て直そうと思ったら、彼らを東京から切り離して、国のことを考えるという本業に徹してもらわなければならない。最大のカギは、首都機能移転だと私は考えている。

２０２０年９月

森永卓郎《もりながたくろう》

本書で記述した情報、データは２０２０年9月上旬時点のものです。
特に年表示のない月日は、２０２０年のものです。

図版制作　國分陽

目次

第1章　大失敗だった日本のコロナ対策

■2020年5月に緊急事態宣言を解除したが……

新型コロナウイルスの感染拡大に伴う緊急事態宣言の全面解除を決めた2020年5月25日の記者会見で、安倍晋三総理は次のように述べた。

「本日、緊急事態宣言を全国において解除いたします。足元では、全国で新規の感染者は50人を下回り、一時は1万人近くおられた入院患者も2000人を切りました。先般、世界的にも極めて厳しいレベルで定めた解除基準を全国的にクリアしたと判断いたしました。諮問委員会でご了承いただき、この後の政府対策本部において決定いたします」

「(2020年) 3月以降、欧米では、爆発的な感染拡大が発生しました。世界ではいまなお日々10万人を超える新規の感染者が確認され、2カ月以上にわたり、ロックダウンなど強制措置が講じられている国もあります。わが国では、緊急事態を宣言しても罰則を伴う強制的な外出規制などを実施することはできません。それでもそうした日本ならではのやり方で、わずか1カ月半で今回の流行をほぼ収束させることができました。まさに、日本モデルの力を示したと思います。すべての国民の皆さまのご協力、ここまで根気よく辛抱してくださった皆さまに、心より感謝申し上げます」

安倍総理は、日本の新型コロナウイルス対策が的確で、大きな成功を収めたと、高らかに宣言したのだ。

同じ日、WHO（世界保健機関）のテドロス・アダノム事務局長も、スイス・ジュネーブでのインターネット上の記者会見で、日本が新型コロナウイルスの感染者数や死者数の抑制に成功したと、日本のコロナ対策を評価した。

こうした状況の下で、多くの国民が、「日本人は、清潔好きで、マスクもきちんとしてきたので、感染しにくい」とか、「しっかりとした医療体制が提供できているから死亡者が少なかった」と認識している。

しかし、日本の感染者数や死亡者数が少ない理由は、本当に「日本の新型コロナウイルスへの対策が素晴らしかったから」なのだろうか。私は、むしろ逆だったのではないかと考えている。

■死亡者数が少ないのは、東アジアの特徴

図表1－1を見てほしい。2020年6月1日時点の人口100万人当たりの新型コロナによる死亡者数の国際比較だ。先進国のなかでは、日本の死亡者数は7・1人と圧倒的に少ない。G7各国の死亡者数は、日本と比べると、いずれも2桁《けた》多いのだ。これが多くの国民が抱いている「日本の感染対策がうまくいっている」というイメージの根拠になっている。

しかし、それはあくまでも欧米と比べた場合だ。日本は、アジアの一員だから、アジア各国の状況とも比較しなければならない。アジアといっても国や地域の数が多いので、ここではAPEC（アジア太平洋経済協力）に参加する国・地域のうち、アジア地域に属する国や地域だけを採り上げている。結果的に東アジアが中心になっているが、これをみると、日本だけでなく東アジアは、コロナ感染による死者が軒並み少ないことが分かる。死亡者数が少ないのは、東アジアの特徴なのだ。

なぜ東アジアの感染者数が少ないのかについては、諸説がある。「日本人は、清潔好き

図表1-1　G7+APEC諸国の人口100万人当たり死亡者数

国・地域	所属	死亡者数	人口	人口100万人当たり
日本	G7+APEC	892	126,476	7.1
アメリカ	G7	102,640	331,003	310.1
イギリス	G7	38,489	67,886	567.0
ドイツ	G7	8,511	83,784	101.6
フランス	G7	28,746	65,274	440.4
イタリア	G7	33,415	60,462	552.7
カナダ	G7+APEC	7,092	37,742	187.9
ブルネイ	APEC	2	437	4.6
インドネシア	APEC	1,613	273,524	5.9
マレーシア	APEC	115	32,366	3.6
フィリピン	APEC	957	109,581	8.7
シンガポール	APEC	23	5,850	3.9
タイ	APEC	57	69,800	0.8
ベトナム	APEC	0	97,339	0.0
中国	APEC	4,645	1,439,324	3.2
香港	APEC	4	7,497	0.5
韓国	APEC	271	51,269	5.3
台湾	APEC	7	23,817	0.3

※注　死亡者数は、2020年6月1日現在WHO発表による。台湾はジョンズホプキンス大学。香港は厚生労働省発表（2020年5月末）。人口は、国連"World Population Prospects"の2020年の値。

で、マスクもしているので、感染しにくい」とか、「しっかりとした医療が提供できているから」という解説もなされているが、それだけでは、欧米と2桁も違う人口100万人当たりの死亡者数を説明することはできないだろう。日本だけではなく、アジアの死亡率が一律に低いからだ。

ノーベル生理学・医学賞を受賞した山中伸弥《やまなかしんや》教授は、日本人のコロナ耐性をもたらした原因を「ファクターX」と呼んでいる。だが、2020年9月の現段階では、その正体は明確になっていない。

■ファクターXを特定せよ

いまのところ最も有力な仮説は「BCG仮説」だと私は考えている。日本では、結核などの予防のため、BCG接種が全国民に行われている。そして、日本が接種しているのと同じ日本株のBCGを予防接種した東アジアの国は、軒並み死亡率が低くなっているのだ。感染爆発が起きた欧米では、予防接種が任意だったり、日本とは異なる株のBCG接種が行われていたりするのだ。ところが、日本ではBCGの効果についての検証は、行われていない。私は、可能性がある仮説は検証してみるというのが、科学者として正しい態度だと思う。BCG仮説が正しいとして、BCGの効果が経年とともに下がっていくのだとすると、なぜ高齢者が重症化しやすいのかも説明がつく。そして医療従事者にBCGを接種することによって、感染リスクを下げることも可能になる。

もう一つの有力な仮説は、「交差免疫説」だ。新型コロナウイルスは、風邪の症状を引き起こすコロナウイルスの一種だ。新型コロナウイルスとは別の種類のウイルスによる風邪にかかっていた場合、そこで生成される免疫が、新型コロナウイルスにも有効だというのが、交差免疫説だ。アジアでは、新型コロナウイルスの感染が広がる前に何らかの交差免疫を生み出すウイルスの感染が広がっていたという。そのウイルスは、初期に流行した別の型の新型コロナウイルスだという説や、普通の風邪のウイルスだという説、あるいはまったく違う種類のウイルスだという説もあり、まだ確定されていないが、この説に基づけば、なぜ新型コロナウイルス感染症で、重度の症状を引き起こす人と、無症状に終わってしまう人が、極端に分かれるのかも説明できる。

さらに、そもそもアジア人と欧米人では、人種的に遺伝子の構造が違っていて、それが新型コロナウイルスへの耐性に大きな影響を与えているのだという説もある。

たとえば、東北大学大学院医学系研究科の大隅典子《おおすみのりこ》教授は、ＢＣＧ仮説を支持する一方で、ファクターＸの候補に「ワルファリン感受性」を挙げている。ワルファリンというのは、血液の凝固を防ぐ薬だが、国や地域によって効果が異なることが分かっている。ワルファリンは日本を含む東アジア系には最も効果が大きく、次いでヨーロッパ、最も効果が小さいのが南・中央アジアだという。東アジアでコロナ感染の被害が小さいのに、同じアジアでもインドでは感染爆発を起こしたという事実と、この説は符合するのだ。大隅教授は「大胆な推測」としてこう述べているという。

「ワルファリンが効きやすい遺伝子のタイプの人は、ワルファリン服用の有無にかかわらず、血栓ができにくい体質を持っており、このことが新型コロナウイルス感染症の重症化を防ぐことに繋がっているのかもしれない」（『文春オンライン』〝日本のコロナ死亡者数はなぜ少ない？　ＢＣＧに続く「ファクターＸ」もう一つの有力候補／長田《おさだ》昭二《しょうじ》〟２０２０年7月27日）

いずれにせよ、日本人がどうして新型コロナウイルスへの耐性が強いのかということは、今後の対策を考えるうえで重要なテーマであるにもかかわらず、日本ではほとんど研究が進んでいない。

ここでコロナ耐性に関するもう一つの「極論」を紹介しよう。２０２０年4月24日に日本で報じられたが、フランスのピティエ・サルペトリエール病院が、新型コロナウイルスの入院患者３４３人と外来患者１３９人を調査したところ、喫煙者の割合が5％で、フランスの喫煙率である約35％を大きく下回っていたとする調査結果を発表した。要するに、喫煙者は新型コロナウイルスにかかりにくいという結果が得られたのだ。この結果を受けて、私は、すぐに複数の感染症の専門家や医師に、この結果をどう思うか聞いた。結果は、1人の例外もなく、頭ごなしに全否定だった。喫煙は重症化リスクを高めると彼らは一様に主張したのだ。確かに病理学的には、その通りだろう。ただ、タバコの煙には少なくとも数百種類の化学物質が含まれており、そのなかに新型コロナウイルス撃退に効果のある物質が含まれる可能性はゼロとは言えないだろう。

　ちなみに喫煙者が新型コロナウイルスに感染しにくいという結果は、フランス以外でも報告されている。２０２０年8月14日付の「プレジデントオンライン」（〝「タバコ喫煙者はコロナ感染から守られる」決定的証拠〟飯島勲《いいじまいさお》）」によると、喫煙率13・8％の米国で感染者７１７２人を対象に実施された調査では喫煙者数は96人（１・３％）にとどまっている。また、別の研究チームによる４１０３人を対象とした調査でも、２１２人（５・１％）となっていて、喫煙率よりもずっと少ないのだ。また、中国では感染者１０８５人中の喫煙者の割合が12・6％であり、中国の喫煙率27・7％の約半分という結果だった。

　感染者の喫煙状況を調べるのは簡単だし、コストもほとんどかからないのだから、日本も調査をすぐやるべきだと私は思う。

　日本の死亡者が少なかったのは、何らかの幸運に恵まれた可能性が高い。だから、そのファクターXを特定しておくことも、次の感染拡大に備えるために重要なことではないだろうか。求められているのは、「科学とデータ」なのだ。

■フィリピンに次いで2番目に多い死亡者

アジア人が新型コロナウイルスに高い耐性を持つことが明らかな中で、注目すべきことは、日本の死亡者数は、アジアのなかで見ると、フィリピンに次いで2番目に多いという事実だ。日本のコロナ死亡者は、少ないどころか、トップクラスの多さなのだ。なぜ、国民の清潔保持意識が高く、医療体制も整備されている日本の死亡者数が、アジアトップクラスなのか。答えは、日本が世界の非常識を突っ走ったこととしか考えられない。

日本のコロナ対策は、2つの点で、諸外国と明らかに異なっていた。一つは、積極的な検査を行わなかったことだ。時を追うごとに少しずつ改善されたものの、長い期間、重い症状が出ない限り、保健所が検査の必要がないと判断して、帰国者・接触者相談センターにたどり着くことさえもできず、当然、検査も受けられなかった。そもそも、帰国者・接触者相談センターという名称自体が、一般の市中感染者を想定していないものだ。WHOが一貫して、「検査と隔離の徹底」を訴えていたにもかかわらず、日本は感染拡大初期に採られる感染者との濃厚接触者だけを追跡するという水際作戦を延々と続けたのだ。

もう一つの違いは、都市封鎖を行わなかったことだ。コロナ感染が大都市で爆発的に拡大することは、世界共通の現象だ。だから世界は、完全封鎖でないにしても、大都市での外出禁止令を含む都市封鎖を行ってきた。しかし、日本は感染の中心地である東京を一切封鎖しなかった。もちろん一時期県境を越える移動の自粛は求めたが、それはあくまでも努力義務で、東京から全国への移動に罰則はなく、それどころか、千葉、埼玉、神奈川からの東京への通勤は、一貫して野放しだった。それが、感染を広げたのだし、アジアトップクラスの死亡者数をもたらした要因になったのではないか。

さらに、緊急事態宣言直後の２０２０年6月から東京の感染者が再び増加を始めたのに、6月19日にはすべての業種の営業自粛を解除し、東京から全国への移動を解禁したことで、世界では類のない第2波の感染を引き起こしてしまった。中国や韓国やニュージーランドなどが日常生活を取り戻すなかで、日本人は長期間の自粛を継続せざるを得なくなった。「日本モデルの力を示した」どころか、日本モデルの醜態を世界にさらしてしまったのだ。

■経済対策も失敗した

政策の失敗は、医療面だけではない。経済面でも同じだ。たとえば、アメリカは新型コロナウイルスの対策として、300兆円を超える予算の経済対策を実行している。それに対して日本は、第1次と第2次を合わせた補正予算の合計で57兆円だ。しかも、2次補正のうち10兆円は、予備費だから、人口の差を考慮しても、日本のコロナ対策費は、米国の半分以下なのだ。

しかも、日本は実際に国民に対策が行き渡るのが、とてつもなく遅かった。たとえば、アメリカでは、大人13万円・子ども5万5000円の給付金が、2020年5月中にはほぼ全国民に行き渡った。日本の1人10万円の特別定額給付金は、総務省の発表では、6月10日までの給付率が38・5%と4割にも達していない。私は埼玉県所沢《ところざわ》市に住んでいるが、市役所から申請書が郵送されてきたのが5月22日で、その日のうちに申請して、振り込まれたのは6月4日だった。それでも早いほうで、特別定額給付金がほぼ全世帯に行き渡ったのは、8月末のことだった。ちなみにアベノマスクが我が家に届いたのは、マスクバブルが崩壊し、コンビニや百円ショップでも、普通にマスクが買えるようになった6月11日のことだった。

売り上げが半減した事業者に給付される持続化給付金については、特別定額給付金よりもましだったが、経済産業省は6月11日までに、およそ１９９万件の申請があり、このうち75％ほどにあたる１４９万件に給付したことを明らかにしている。ただ、申請が開始された5月1日から11日までに受け付けた77万件のうち6％にあたる5万件が、未給付になっているという。

こうした「小さくて、遅い」経済対策によって何が起きたのか。２０２０年6月に世界銀行が発表した「世界経済見通し」の２０２０年の実質経済成長率見通しで比較してみよう。日本の成長率は、マイナス6・1％と、アメリカとまったく一緒だった。アメリカの人口当たりのコロナによる死亡者は、日本の44倍だ。アメリカのほうが、ずっとコロナの被害が大きかったにもかかわらず、日本はアメリカ並みの経済減速となったのだ。ちなみに、先進国全体の経済成長率は、マイナス7・0％となっている。まさに日本は欧米の先進国並みの経済減速を強いられたのだ。

一方のアジアは、どうか。世界銀行は、すべての国の成長率見通しを公表してはいないが、公表されているアジアの国の2020年の実質成長率をみると、タイ：マイナス5・0%、マレーシア：マイナス3・1%と被害が大きいが、それでも日本よりもましだ。日本よりも死亡者数が多かったフィリピンはマイナス1・9%だ。そして、インドネシア：0・0%、中国：1・0%、ベトナム：2・8%は、プラス成長を維持する見通しだ。

結局、日本は世界の常識とかけ離れたコロナ対策によって、アジアトップクラスの死亡者数を出すとともに、小さくて、遅くて、非効率な経済対策によって、欧米並みの経済失速に陥ったというのが真相なのではないだろうか。

■日本のGDP世界シェアは約3分の1に転落

実は、日本経済の転落は、今に始まったことではない。図表1-2を見てほしい。日本のGDP（国内総生産）が世界全体のGDPの中でどれだけの割合を占めているのか、つまり日本の対世界シェアの推移をみたものだ。1970年に日本のシェアは6・2%だった。それがどんどん高まっていって、1995年には17・5%と、3倍近くにまでなっている。しかし、ここがピークだった。その後、日本のシェアは坂道を転がり落ちるように

図表1-2　日本の対世界GDPシェアの推移

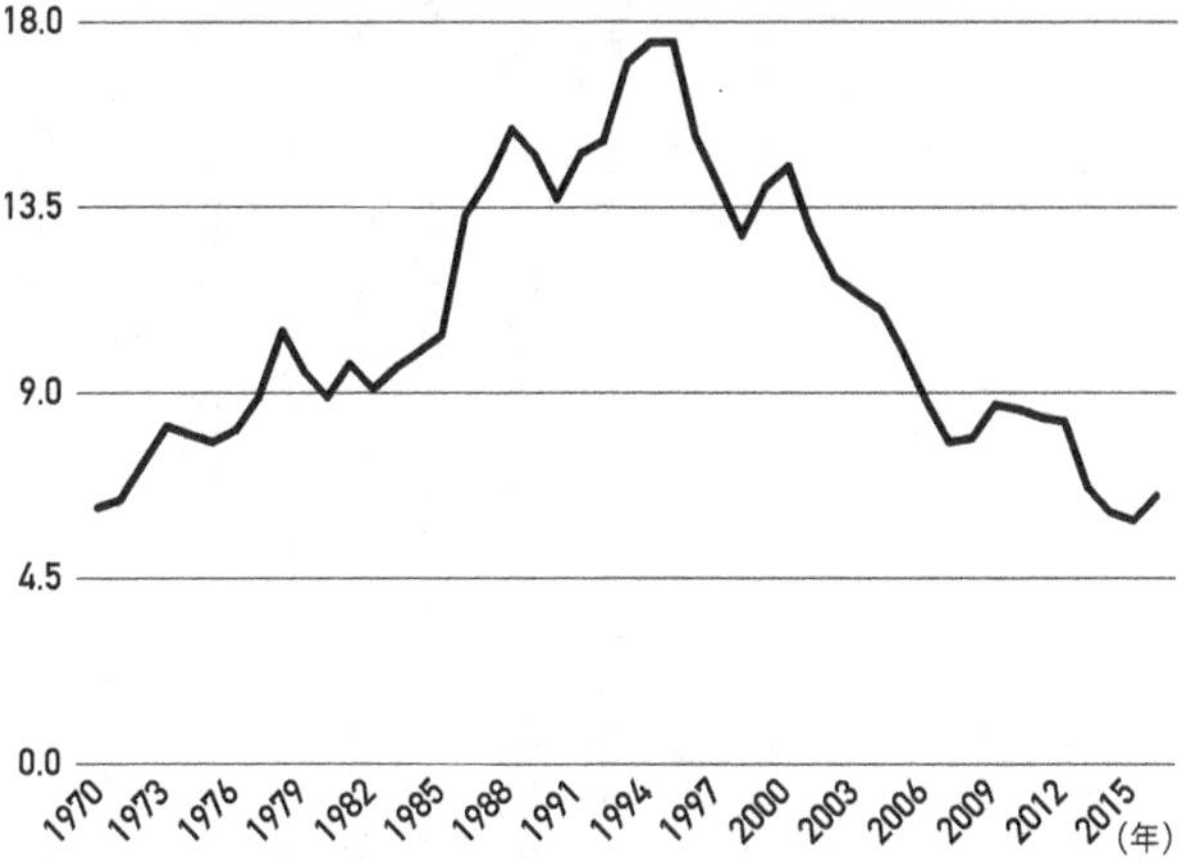

※出所　国際連合「国民経済計算データベース」。

下がっていき、直近の2018年には5・8%と、1970年のシェアさえ下回ってしまったのだ。

一体、何が起きたのか。まず、マクロ経済面の最大の転落要因は、財務省が採用した緊縮財政だ。1997年、財務省（当時は大蔵省）は、消費税率を3%から5%に引き上げた。それをきっかけに日本経済は15年にわたるデフレに突入する。デフレの下では、企業の売り上げが減少→賃金が減少→消費が減少→企業の売り上げが減少という「デフレスパイラル」と呼ばれる負の循環が生まれる。その結果、日本経済は縮小を繰り返していったのだ。

ただ、問題は財務省だけではない。経済産

業省も致命的な失敗をした。IT化という世界の潮流に、大幅に乗り遅れてしまったのだ。

典型は、電気機械産業だ。かつて、日の丸家電は、世界を席巻《せっけん》していた。メイド・イン・ジャパンが世界最高品質の代名詞だったのだ。そのことは、ガラケーの時代まで続いていた。ところが、2007年に初代iPhoneが発売されて以降、日本は、スマートフォン化の流れに乗り遅れてしまった。iモードの成功に酔いしれていたということもあるが、情報端末の基盤がスマホに移るなかで、そこに注力しなかったのだ。その結果、ソフト面でも、ハード面でも、アメリカや韓国や中国の後塵《こうじん》を拝するようになってしまった。

結局、日本人は、アップルのiPhoneで通話やデータ通信を行い、フェイスブックやツイッターでコミュニケーションを取り、アマゾンで買い物をするようになった。そして家電メーカーも、三洋電機の白物家電が中国のハイアールに売られ、東芝の白物家電は中国の美的集団に、東芝のテレビは中国の海信集団に、東芝の半導体メモリは、アメリカのベインキャピタルに売られ、シャープは、台湾の鴻海精密工業に売却された。世界で初めてカーナビを開発したパイオニアも、香港の投資会社のファンドベアリング・プライベート・エクイティ・アジア（BPEA）の完全子会社になってしまった。

経済産業省の肝煎《きもい》りで、ソニー・東芝・日立製作所の中小型液晶ディスプレイ事業を統合して誕生した日の丸液晶のジャパンディスプレイも、経営不振が続いて、資本のほぼ半分を中国台湾連合に握られた。

１９８１年以降ずっと黒字を続けた貿易収支も、２０１１年の東日本大震災をきっかけに赤字転落し、２０１４年まで赤字が続き、その後黒字化したが、２０１９年の黒字は３８１２億円に過ぎない。

■財務省と経済産業省、そして厚生労働省による大きな失敗

財務省と経済産業省という2つの経済官庁が大きな失敗をしてきたことで、日本経済は転落したのだ。実は、この2つの官庁は、コロナ対策の失敗でも、大きな役割を演じることになるのだが、それは第3章で詳述する。

また、コロナ対策では、財務省と経済産業省に加えて、医療を所管する厚生労働省も、失敗に輪をかける役割を演じた。もちろん、最大の責任は、３つの省を誤った方向に導いた首相官邸にあることは、言うまでもないことだ。

第2章 科学とデータを無視し続けた日本政府と医療界

■新型コロナウイルスへの対処法はたった一つ

最初に結論から書いておこう。新型コロナウイルスには、いまのところ治療薬もワクチンもない。だから、その感染が広がったときの対処法は、これしかない。①感染拡大地域を封鎖し、②その地域内で徹底的な検査を行い、③感染者を隔離する。この3つだ。しかし、日本政府は、一貫して世界標準でもあるこの対処方針を採用しなかった。それは、いまも続いている。その結果が、アジアトップクラスの死亡者数と戦後最大のマイナス成長、そして世界に類をみない第1波を超える第2波の感染拡大をもたらしたのだと私は考えている。

なぜ、日本政府は、世界の常識と異なることをしたのか。私は、政治的なきっかけは、東京オリンピックだったのではないかと考えている。

■オリンピック1年延期という戦略に出た日本政府

新型コロナウイルスの世界的感染拡大で、2020年7月に予定通り東京オリンピックを開催することは、4月の段階で、誰の目にも不可能だった。感染症の専門家のなかでは、2022年に延期して、夏冬のオリンピックを同時開催とする案を支持する人が多かった。感染の長期化が懸念されるなかで、2021年の夏では、感染が収束していない可能性が高いとみられたからだ。

しかし、安倍晋三総理や小池《こいけ》百合子《ゆりこ》東京都知事にとって2022年のオリンピック開催というのは、受け入れがたい選択肢だった。安倍総理の自民党総裁としての任期は2021年9月までだ。2021年に開催すれば、オリンピックを自分の任期のなかで実施できる。小池都知事にとっても、2022年開催は受け入れられない。2年も先に延期してしまったら、2020年7月の都知事選で、オリンピックの追い風を使えなくなってしまうからだ。また、2年先に延期すれば、オリンピックのスポンサーがどうなるかも分からない。もちろん、スポンサー料の収入は東京都ではなく、組織委員会に入るのだが、組織委員会の収支が大きく悪化すれば、ツケは東京都に回ってくる。実際、2021年への延期が決まった際に、2021年に開催されるのに、オリンピックの名前は「TOKYO2020」のままにすることが発表された。これで、すでに作ってしまったオリンピックグッズも無駄にならず、スポンサーもそのままになった。

国際オリンピック委員会（IOC）では、東京オリンピックの中止という選択肢も検討される中、日本政府がオリンピックを中止させないために、どうしても避けなければならない事態があった。それは、日本で新型コロナウイルスの爆発的感染拡大が起きているというイメージをIOCに持たれてしまうことだ。感染拡大を露見させないために最も効果的な方法は、検査をしないことだ。そうすれば、そもそも市中感染が表に出ることはない。そして、少ない検査に基づく少ない感染者数の下で、政府はオリンピックの1年延期という戦略に出たのだろう。

■3月の3連休が分かれ目に

2020年2月24日に政府の専門家会議は、「これから1〜2週間が、急速な拡大に進

図表2-1　全国の新規感染者数の推移(1日当たり)

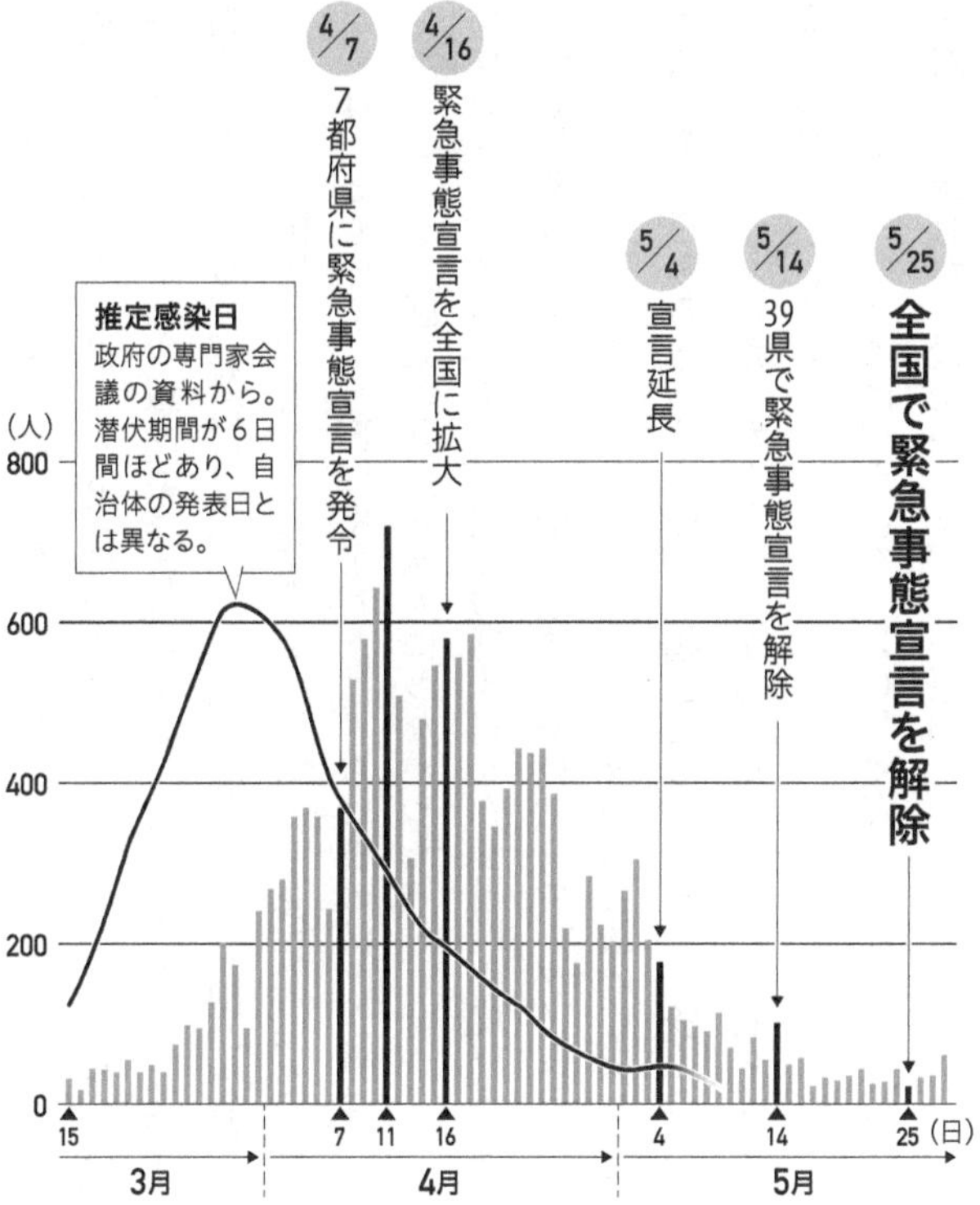

報告日＝都道府県データをもとに集計したもの。

むか、収束できるのかの瀬戸際の状態」として、感染拡大の事実を認めなかった。そして、この「瀬戸際状態」との評価は3週間以上にわたって続いた。そして運命の3月19日の専門家会議の会見を迎える。専門家会議はオーバーシュート（爆発的患者急増）のリスクに警鐘を鳴らしながらも、「対策によって、感染を減らせる希望の光がみえたかもしれない」と話した。これを国民は、「コロナは大丈夫なんだ」と受け取ってしまった。

翌日からは、3連休で、好天に恵まれた。さらに桜の満開が重なったので、国民が一斉に外出した。これが、感染の爆発的拡大につながった。

新型コロナウイルスの感染は、実際の感染日から2週間程度経たないと確認ができない。潜伏期間が6日間ほどあり、そこから検査を受けるまでのタイムラグ、そして検査結果が出るまでのタイムラグがあるからだ。そこで、専門家会議の作成した推定感染日ごとの新規感染者数の推移をみると、感染爆発が起きたのは、まさに多くの人出でにぎわった3月20日からの3連休のときだったことが分かる。連休直後から新規感染者数の報告件数が増えている（図表2－1参照）。

つまり、オリンピックに目がくらみ、ＰＣＲ検査を抑制して、現実から目をそらせたことによる対策の遅れが、最初のつまずきの原因となったのだ。

■日本の死亡率は中国の武漢以上

もちろん、新型コロナウイルスの感染状況が2週間遅れでしか分からないというタイムラグがある以上、政府の判断の遅れを責めるのは、後講釈で無責任だという批判はあるだろう。しかし、積極的な検査をしていなくても注意深くデータを見ていれば、恐ろしいことが起きていることは、分かったはずだ。たとえば、3月20日に私は次のような原稿を書いている。

厚生労働省の発表によると、3月19日現在の国内感染者数（クルーズ船やチャーター機帰国者を除く）は892人で、そのうち死亡者は31人だ。つまり、感染者に対する死亡者の比率は3・5％ということになる。

WHOが3月に発表した武漢市の死亡率は、3・4％だ。また、医学誌ネイチャー・メディシンに掲載された研究結果によると、より精緻なデータに基づいて武漢市の死亡率を再計算すると、1・4％となったという。つまり、新型コロナウイルス感染による死亡率は、日本のほうが2倍以上高かったのだ。

武漢市では、医療崩壊が起きた。それに対して医療技術が高く、パニックも起こしていない日本で、武漢市よりもずっと死亡率が高いというのは、いくら日本のほうが、高齢化が進んでいるとは言え、普通に考えたらあり得ない。もちろんここには、カラクリがある。感染者数が過少推計されているのだ。

日本でPCR検査が行われているのは、極めて重い症状のある人と濃厚接触者だけだ。実際、医師が「検査が必要」と診断して、保健所に検査を依頼しても、帰国者・接触者外来に回してもらえる確率は、5%以下だ。つまり感染症の発生初期に水際作戦で封じ込めるときのやり方をいまだに続けているのだ。そのため感染者が大量に隠れている可能性が高いのだ。

そのことは、専門家会議も分かっているのではないか。「オーバーシュート」が起きる可能性があると専門家会議は指摘したが、それは本当の感染状況が分かってしまった時のための予防線だったのだろう。

感染発覚当初から、一部の感染症の専門家がランダム調査をして、市中感染率を把握すべきだと指摘してきた。しかし、その提案は無視されつづけている。

『報知新聞』２０２０年3月22日掲載の連載コラム

評論家のなかでは、「日本は死亡者数が少ないのだから、感染症対策はうまくいっている」と評価する人が多かった。しかし、アジアとの比較で、死亡率が高いことに注目していれば、ＰＣＲ検査を抑制するという政府の方針が間違っていることは疑う余地がなかったのだ。

■検査に二の足を踏んだ医療界

実は、ＰＣＲ検査の抑制という方針に関しては、政府だけでなく、医療界もまったく同じ立場だった。２０２０年2月24日に政府が新型コロナウイルスに対する基本方針を説明する会見の中で、専門家会議の尾身茂《おみしげる》副座長は、「心配だからといって病院・クリニックに行くことは避けてほしい」と発言した。この発言は政府の方針とも軌を一にするものであった。

厚生労働省は2月17日に、新型コロナウイルスへの感染を疑われる人が帰国者・接触者相談センターに相談する目安について、「風邪の症状や37・5度以上の発熱が4日以上、高齢者などハイリスクの者は2日以上」とする方針を発表した。つまり、一般国民は高熱が4日以上続くという症状がない限り、コロナ感染の相談をすることさえ、許さないというのが政府の方針だったのだ。

日本医師会も、政府の方針表明を受けた2月26日の定例会見で、専門家会議のメンバーでもある釜萢《かまやち》敏《さとし》常任理事が、PCR検査について、「今は何としても重症者の把握やクラスターの連鎖を徹底的に防ぐことが重要であり、そのためにも、PCR検査は有効な手段になる」とする一方で、「検体の採取には感染の危険が伴うことから、厳重な感染予防対策の下の実施でなくてはならず、検査件数の増加には検査体制の確立も踏まえ、十分な感染管理が必要である」という考えを述べたのだ。

PCRの検査に厚生労働省や医療界が後ろ向きだった大きな理由は、一つは検査を行う際に医療関係者が感染してしまうリスクがあるということで、もう一つは大量の感染者が発覚すると、入院患者で病院があふれて、医療崩壊してしまうと考えたからだ。

もちろん、そうした考えは、一面では正しい。医療崩壊を起こせば、コロナ以外の患者が入院できず、命を落とすことだって考えられる。また、重症患者が重なって、人工呼吸器が足りなくなったとき、医師は誰かの呼吸器を外さないといけないといった究極の命の選択に直面してしまう。私は医療関係者を非難したいわけではない。彼らは、それこそ命がけでコロナとの戦いに奔走した。それは、保健所も同じだ。彼らは、必死に自分たちに与えられた役割を果たそうと、それこそ不眠不休で働いたのだ。

しかし、「自分に与えられた使命を一生懸命真面目に果たそうとする態度」は、平時にはよいのだが、有事のときには逆に大きな問題を引き起こす。

■平時と有事のときの対応は違う

私がシンクタンクで働いていたとき、私の部下にAさんとB君という2人の性格の異なる研究員がいた。Aさんは、とても真面目な性格で、きちんと文献やデータを整理して、完璧《かんぺき》な報告書を作るタイプだった。ただ、自分の許容量を超える仕事は引き受けることができなかった。無理に入れると、オーバーフローしてしまうのだ。

一方、B君は、仕事をざっくりとこなすのが得意で、仕事が早かった。もちろん、Aさんのように緻密《ちみつ》な仕事をするわけではないので、小さなミスはたくさんあったし、体裁も完璧とは言えなかった。ただ、どんなに仕事を入れても、いくらでも引き受けてくれる「うわばみ」のような存在だった。

業績評価のとき、私はAさんにもそれなりによい評価を付けたのだが、B君にはそれよりもずっと高い評価を付けた。シンクタンクには、年度末近くになると、依頼が殺到することが、しばしばある。そのときは、研究員はすでにフル稼働になっている。しかし、自分たちを信頼して仕事を依頼してくる常連のクライアントの依頼を断るわけにはいかない。そんなとき、B君は、いつも仕事を引き受けてくれた。そうした事情から、私はB君に高い評価を付けたのだが、私が働いていたシンクタンクでは、評価をすべて公開することにしていた。B君の評価を知ったAさんが、私に猛烈に抗議をしてきたのだ。

「Aさんには、十分高い評価をしているでしょ」と私は言ったのだが、Aさんは、納得してくれなかった。自分は何一つミスなく、きちんと仕事をこなしている。それと比べてB君は、ちょくちょくミスをするし、手も抜いている。報告書の作り方も雑だ。自分のほうが、評価が低い理由が分からないというのだ。

確かに平時は、丁寧に懸命に働くAさんの仕事のやり方のほうが望ましい。問題は、有事のときだ。有事のときに、平時と同じようにきちんと真面目に仕事をして、そしてオーバーフローして、業務を滞らせてしまうというのは、最悪の事態なのだ。有事のときには、正確でなくてもよいから、ざっくりと、方向性を失わない仕事をしないといけないのだ。

保健所が一番分かりやすいかもしれない。彼らは真面目に仕事を続けた。しかし、新型コロナウイルスで感染者が爆発的に増加するなかで、仕事は彼らの処理能力をあっと言う間に超えてしまった。その結果、保健所に電話がつながらなくなり、結果的に診療を受けられない人が続出するようになったのだ。

問題は、その結果、何が起きたのかということだ。平熱の低い人は、発熱が続いても37・5度という基準を満たさないため、検査が受けられなかった。また、ひどい症状が出ても、4日間は待機しないといけないということで、我慢をして、症状を悪化させてしまったケースも相次いだ。そして悲劇は起きた。

■「発熱4日以上は検査要件ではない」

東京都世田谷区《せたがや》の保坂展人《ほさかのぶと》区長が4月27日の定例記者会見で、新型コロナウイルスに感染した単身赴任中の50代男性が部屋の中で亡くなっていたことを明らかにしたのだ。男性は保健所に電話をかけてもつながらず、発熱から6日後にようやくPCR検査を受けることができた。だが、その2日後の4月11日に社員寮で亡くなっているところを発見された。PCR検査で陽性と判定されたのは死後で、死因は肺炎だった。

この問題は、国会でも野党が追及した。4月29日の参議院予算委員会で、立憲民主党の蓮舫《れんほう》議員が加藤勝信《かとうかつのぶ》厚労相に、この事件について問い質《ただ》したのだ。そこで、加藤厚労相から衝撃の発言が飛び出した。「発熱4日以上は検査要件ではない」と加藤大臣は言ったのだ。ただし、これまでの基準が間違っていたことは認めず、これまで言ってきた「発熱4日以上」というのは、4日以上の発熱が続いたら、すぐに医療機関を受診してくださいということで、4日間我慢しなさいということではないと、責任逃れの答弁をしたのだ。

立憲民主党・蓮舫議員と加藤勝信厚労相の参議院予算委員会でのやりとりを紹介しておこう。

蓮舫議員：都内の単身赴任の社員寮で急死。発熱後も保健所に電話が繋がらなかった。検査を受けられたのは発熱から6日後。そして、検査結果が出たのは亡くなった後だという報道もあるんですよ。今の検査体制だと救えない命あるじゃないですか。著名な芸能人も自宅待機の間に重症化して病院に行って亡くなるとか。家族が会えるのはお骨だとかおかしいじゃないですか。やっぱり、この2月に決めた「熱が37・5度以上4日以上続く」、「呼吸困難」、「強いだるさ」。もうどんどん症例は変わってきているんだから。総理、この検査を受ける要件、緩和してください。総理。

加藤厚労相：これは別に検査を受ける要件ではなくて、受診の診療の目安ということでありまして、これについては37・5度4日というのは要するにそこ以上超えるんだったら必ず受診をして頂きたい。そういうことで出させて頂きました。そして倦怠感《けんたい》等がある。この中には、よく、それも4日だ。あるいは37・5度と倦怠感が両方だと。まあ、こういう誤解はありましたから、それはそうではないんだ。倦怠感があれば、すぐに連絡をして頂きたい。こういうことは幾度となく周知をさせて頂いております。あの、さらにまたそうした誤解があればですね、そうした誤解を解消するように努力をしていかなきゃならないと思いますが。

ただ、やっぱりそれ以前の問題として、先ほど申し上げた、やっぱり保健所機能を含めてですね、そういったところが本来その機能が発揮できるように我々は一緒になってですね、一つ一つのボトルネックと言いましょうか、課題を解決していく。で、これ、前と一緒じゃないかとおっしゃいましたけど、これ一個一個、本当に現場も相当努力をしながらやって頂いております。東京都においては医師会がPCR検査やりましょうと手をあげて頂いております。そして、なかには、今我々PCR検査の人手という問題がありますんで、歯科医師の方にも協力をお願いいたしました。そうやって一つ一つ乗り越えながらですね、地域と一緒になって、国民の皆さんがあるいは地域の皆さんが安心していける、こういう状況を1日も早くつくるべく努力をさせて頂きたいと思います。

蓮舫議員：誤解をしたのは保健所とか国民が悪いんですか？　政府がずっと説明してきたじゃないですか。尾身副座長も3月10日のこの予算委員会で、「PCR検査のキャパシティの問題があったから、そして、今回の場合は症状が長く続くから、まあ5日ぐらいまで、まあ一般の人は3日ぐらいまで。4日というのが普通の人です」。すごくざっくりとした説明をしたんですが、それを受けて厚労省は「4日以上、37・5度以上、だるさ、厳しさ、息苦しさ」。だから電話相談したら、あなたは典型例に合わない。まだもっと家に居てくれ。その症状だと、この外来に繋げませんって断られてるんですよ。誤解じゃないでしょ。誤解を生んだのは厚労省の説明じゃないですか。

37・5度の発熱が4日以上続くというのは、検査を受ける要件ではなく、受診の目安なのだから、検査を受けなかったのは、国民の誤解だ。そうした加藤厚労大臣の答弁は、国民の大きな反発を招いた。そして、厚労省は、5月8日になって、国民が新型コロナウイルス感染症の疑いで帰国者・接触者相談センターに相談したり、医療機関を受診したりする際の目安から「風邪の症状や37・5度以上の発熱が4日以上続く方」との文言を削除することになった。検査抑制方針が、間違っていたことを、ある程度認めざるを得なくなったのだ。もちろん政府の謝罪は、一切なかった。謝罪なき方針変更だったのだ。

■新型コロナウイルス感染を見逃された死亡者

ただ、3カ月近くにわたった検査抑制方針によって、多くの死者が生まれたことは、間違いない。しかも、日本の新型コロナウイルスによる死亡者数は、公表されている数字よりも、ずっと大きい可能性があるのだ。

もちろん厚生労働省は、そのことを全面否定する分析を7月31日に公表している。インフルエンザなどの感染症による死亡者数の分析では、超過死亡という数字がしばしば用いられる。超過死亡の推計では、まず、すべての死因ごとに平年と同様の死亡者が出ると仮定して、その年の死亡者数を予測する。その予測値を実際の死亡者数が上回った分が超過死亡数となる。そうした手法で、全体像がつかみにくい新型コロナウイルス感染を見逃された死亡者をあぶり出すことができるのだ。

厚生労働省研究班の推計では、1月から4月までの4カ月間で、栃木（14人）、埼玉（5人）、千葉（61人）、東京（55人）、徳島（3人）の5都県で、統計的な誤差の範囲の上限値を超える死亡者数（超過死亡）が確認され、合計の人数は138人だったという。超過死亡数が138人だった。公表されている1月から4月までの新型コロナウイルス感染による死亡者数は457人で、超過死亡数を上回っているのだから、厚生労働省は、見逃された死亡者はいないという結論を出しているのだ。

しかし、この推計は正しいのだろうか。厚生労働省の「人口動態統計」でみると、2020年1月の死亡者数は、前年同月比で▲8670人だった。それが2月には▲2029人となり、3月には▲168人、そして4月にはついに+423人となった。あくまでも前年同月比ではあるが、日本の死亡者数の前年比増分が、感染拡大に伴って急速に増えていることが分かる。

極端な仮定であることは承知の上で、２月以降もコロナ感染による死亡者がほとんどいなかったとみられる１月の前月比である▲８６７０人が、その後も続くというのが本来の姿だと仮定すると、「超過死亡数」は、２月が６６４１人、３月が８５０２人、４月が９０９３人ということになる。ちなみに公表されている新型コロナウイルス感染症による死亡者数は、１月がゼロ、２月が４人、３月が66人、４月が３９１人だから、超過死亡数から公表されているコロナ死亡者数を差し引くと、コロナと診断されずに亡くなった人は、２月が６６３７人、３月が８４３６人、４月が８７０２人と推計されることになる。

もちろん、ここまで極端なことは起きていないと思われるが、日本が積極的なＰＣＲ検査を行わなかったことによって、人知れず新型コロナウイルス感染症で命を落とした人の数が、莫大《ばくだい》である可能性は、否定できないのだ。

私はコロナの実際の死亡者が公表されている数よりもずっと多い可能性について、複数の医師に質した。新型コロナウイルス感染症の治療にあたっている医師は、私の仮説を完全否定した。新型コロナウイルス感染症には、特徴的な症状があるため、他の死因と取り違えることは、あり得ないと言うのだ。ところが、新型コロナウイルス感染症の治療経験のない医師は、十分あり得ると私に語った。ＰＣＲ検査の要請がなかなか認められない、特に死亡者のPCR検査が認められないなかで、他病名で死亡診断書を書いてしまうことは、十分にあり得るということだった。日本の医師の大部分は、新型コロナウイルス感染症の治療経験がない。だから、膨大な数の命が、検査の抑制方針のなかで失われていた可能性は十分高いのではないかと私は考えている。

■7都府県に緊急事態宣言

時計の針を少し戻そう。安倍政権は4月7日に7都府県に対して緊急事態宣言を発出した。十分なPCR検査をせず、感染の実態を明らかにしないままで、緊急事態宣言の対象地域を線引きし、国民に厳しい自粛を求めたのだ。当時、日本に新型コロナウイルスの感染者が何人いるのか、それにきちんと答えられる人は、専門家でもまったくいなかった。日本は市中感染率を調査していないし、市中感染率調査に近い役割を果たす大規模なPCR検査もしていなかったからだ。そうした状況下では、検査対象から漏れる人が大量に出てくる。現に、この時期、感染者のうち半数以上が、感染経路不明になっていた。東京都に至っては、4月に入ってからの2週間のデータで、3分の2が感染経路不明だった。

市中感染が広がっている可能性を強く示唆する数字だ。

そうした中、私はテレビ番組に出演した際、電波に乗っていない時間に、10人以上の感染症の専門家や医師に対して、「個人的に日本には何人の感染者がいると思いますか」という質問を繰り返した。すると、答えが二極化していることに気付いた。片や数千人と答える専門家がいる一方で、数十万人と答える専門家がいたのだ。十分な調査をしていないから、見方が分かれて当然なのだが、あまりに大きな違いに驚いた。ちなみに4月7日の公表ベースの累計感染者数は４４７８人だった。

そして、少数を推定する専門家は、現状の検査体制を肯定し、多数を推定する専門家は、大規模検査を提唱する。これは、１人の例外もなかった。

この見解の相違を決着させる方法は一つしかない。無作為抽出で市中感染率を調査するか、ＰＣＲ検査を大幅に拡大することだ。

日本のＰＣＲ検査が諸外国と比べて、桁違《けたちが》いに少ないことは、海外からも批判されてきた。実際、先進主要国の人口１００万人当たりのＰＣＲ検査数は、アメリカが日本の14倍、イギリスが7倍、ドイツが29倍、フランスが7倍、イタリアが28倍だ（２０２０年4月11日現在）。日本だけが極端に検査を抑制しているから、感染者数が分からないのだ。在日米国大使館も4月3日に、「日本政府は検査を幅広く実施しない方針をとっており、感染率を正確に評価することが難しい」として、米国人に対して即時の帰国を促した。

感染率の把握は、日本経済にとって最重要課題だ。実態把握をしなければ、地域ごとに行う感染拡大防止策を、どこで線引きしたらよいのか、あるいはどの程度厳しい自粛を求めるのかが決められないからだ。それなのに、安倍政権は「感染者数はまだ少なく、持ちこたえている」という前提の下で、世界と比較したら緩い自粛を求めた。もちろん、政府の感染者数の見立てが正しければ、経済的被害を最小限に抑えられるから、正しい選択ということになる。だが、もし見立てが間違っていたら、その被害はとてつもなく大きくなる。この安倍政権のギャンブルは、結局、緊急事態宣言の全国拡大、そして期間延長、さらには大きな第2波の発生という形で完全に失敗に終わったのだが、それでもPCR検査を抑制するという政府の方針は、基本的に継続され続けている。

■山中提言に耳を貸せ

PCR検査を拡大してはならないという国策は、空気として国民の間にも広がっていった。そのことを私が思い知ったエピソードがある。

青色発光ダイオードを開発した中村修二《なかむらしゅうじ》氏と、私はテレビ番組で大ゲンカをしたことがある。中村氏が、青色発光ダイオードを開発した当時に勤務していた日亜化学工業に対して、特許権譲渡の対価の一部として２００億円の支払いを要求した裁判を起こしたときだった。

番組に出演した中村氏に私は、「青色発光ダイオードの開発に関して、中村さんの貢献は何％だと思いますか」と聞いた。すると、中村氏は「１００％です」と断言した。大きな研究開発が個人だけで完結することはあり得ない。私は、聞き方を変えて何度も聞いたのだが、中村氏は譲らなかった。

その経験があったので、山中伸弥教授がノーベル医学・生理学賞を受賞したとき、受賞会見に臨む朝日放送のアナウンサーに、質問を委《ゆだ》ねた。「ｉＰＳ細胞の開発で、山中教授の貢献は何％ですか」。山中教授はこう答えた。「それは高々１％です。ほとんどは、周りの仲間たちの貢献です」

山中教授というのは、そういう人だ。いつも周りのことを考えているのだ。

その山中教授が、３月末に自身のホームページで新型コロナウイルス対策に関する提言を行った。専門家でないくせにという批判を覚悟で提言をしたのは、国民を思う優しい気持ちからだろう。

山中教授の提言は5つあった。①今すぐ強力な対策を開始する、②感染者の症状に応じた受け入れ体制の整備、③受け入れ体制の整備を前提とした検査体制の充実、④国民への協力要請と適切な補償、⑤ワクチンと治療薬の開発に集中投資。

今振り返ってみても、極めて妥当な提言だが、このなかで私が最も重要だと思ったのは、③の検査体制の充実だ。山中教授はこう言っていた。「これまでわが国は、無症状や軽症の感染者の急増による医療崩壊を恐れ、PCR検査を限定的にしか行ってきませんでした。しかし、提言②が実行されれば、その心配は回避できます」。続けて、「ドライブスルー検査などでPCR検査体制を拡充し、今の10倍、20倍の検査体制を大至急作るべきです。中国、韓国、イタリア、アメリカでできて、日本でできない理由はありません」と訴えたのだ。いまになれば、山中教授のPCR検査拡大という提言は、筋が通っていて、納得する人が多いだろう。

ところが、発表直後に、なぜかこのPCR検査拡大の具体的な内容の部分は、提言から削除され、「PCR検査を必要なときに必要な数だけ安全に行う体制の強化が求められています」という抽象的なものに変わってしまった。私は、ここに底知れぬ闇を感じるのだ。

私は、当初の山中教授の提言に１００％賛成だ。緊急事態宣言では、厳しい自粛を求める対象地域がまず7都府県指定された。ところが、この線引きが正しいのかどうか、誰にも分からない。日本は市中感染率の調査、あるいはそれに代わる大規模調査をしておらず、どこで感染が広がっているか分からないからだ。緊急事態宣言の線引きは、非科学的に行われたことになるのだ。

■続く大規模検査の拒否

本来なら、世界と同様に大規模検査をして、市中感染率の高い地域を封じ込めないと新型コロナウイルスは収束しない。ところが、日本政府は、専門家からの大規模検査の要請を一貫して拒否した。おそらく当初は、日本で感染爆発が起きているのが分かってしまうと、オリンピックが中止になってしまうことを恐れたのだろう。ただ、オリンピックが無事翌年への延期で収まっても、検査の拡充はなされなかった。理由は不明だが、日本は感染爆発地域を封じ込めるのではなく、山中教授の正義を封じ込めてしまったのだ。

実は、PCR検査拡大に反対する「圧力」にさらされたのは、山中教授だけではなかった。

ソフトバンクの孫正義《そんまさよし》社長が3月11日に「新型コロナウイルスに不安のある方々に、簡易PCR検査の機会を無償で提供したい。まずは100万人分。申込方法等、これから準備」とツイートした。検査を受けたいのに受けられない人が多いからという善意だったのだが、このツイートに批判が殺到した。そんな大量の検査をしたら、病院に軽症患者が殺到して、医療崩壊が起きるというのが批判の理由だった。確かにその可能性はある。しかし、市中感染率の調査は必要だ。医療崩壊を防ぐように工夫しながら、段階的に検査数を増やすとか、軽症や無症状の患者は、ホテルなどで隔離すればよい。どれだけの人が感染しているのか分からなければ、国民の不安は消えないし、収束の時期も見通せない。何より適切な対策の打ちようがないからだ。しかし、世間のあまりの批判に孫社長は、提案を取り下げてしまった。

また、7月3日に配信されたネット版の「デイリースポーツ」によると、PCR検査の拡充を一貫して訴えていた呼吸器疾患の専門医、大谷義夫《おおたによしお》医師が、NHK「おはよう日本」の番組取材で、デマが拡散し「政府批判」「反日」との抗議電話などが殺到したことを明らかにしたという。

番組では、大谷医師が２月中旬から民放の情報番組にＰＣＲ検査拡充や医療従事者への支援を訴えたが、３月に思わぬ事態が発生したと伝え、大谷医師は「テレビのコメントに対する抗議みたいな内容の電話が多数来て、何が起きているか本当に本当に分からなかった」と語った。

電話応対した妻が、１日に20件くらいの電話がきて、「政府批判」などと支離滅裂のことを言われたという。見知らぬ男性が乗り込んできたこともあったと明かした。

同時期にネット上で大谷医師に対するデマや批判が拡散されていたという。

大谷医師は「政権批判したつもりはまったくない。現場の声を伝えたつもり」とし、「医者でない方に現場の声を潰されたら、現場で実際に何が起っているかが全く届かなくなってしまうのは大問題。言論統制などあるわけないと思っていたので、これからの日本はどうなってしまうのか心配」と語った。

実は、私も大谷医師と同様に、感染拡大初期から、ＰＣＲ検査の拡大を訴えてきた。大谷医師ほどの影響力がないので、規模は桁違いに少ないが、メールなどで私の主張を非難する声が複数寄せられた。検査の拡大は、世界の趨勢《すうせい》であり、WHOもコロナ対策として最優先の課題だと呼びかけているのに、それを許さない空気を国と医療界は作り上げてしまったのだ。

■8割削減は正しかったのか

感染実態が分からない中、緊急事態宣言発動の際に安倍政権が自粛の基準として頼ったのは、厚生労働省クラスター対策班（現・疫学データ班）の西浦博《にしうらひろし》教授（当時・北海道大学）の数理モデルだった。

「人と人の接触を8割減らすことができれば、感染は2週間でピークアウトし、緊急事態宣言を1カ月で解除できる」というのが西浦モデルを用いた推計結果だった。

西浦教授の数理モデル自体は、SIRモデルと呼ばれる古典的で、シンプルなものだ。西浦教授は、15歳未満、15歳〜64歳、65歳以上という3つの年齢区分ごとに推計を行っているようだが、SIRモデルは以下の微分方程式を解くことで、推計結果が得られる。

$dx/dt = R_0(1 - x - y)x - x$

$dy/dt = x$

R_0：基本再生産数（1人の感染者が何人の人に感染させるかという人数）

t：時間

x：全人口に対する現在感染している人の割合

y：全人口に対する感染から回復した人の割合

数学が分かる方は、この方程式を見ただけで、このモデルの本質をすぐに理解できると思うが、要は、コロナに感染したことがない人の数に基本再生産数（R_0）を乗じると、新規の感染者数が得られるというモデルだ（厳密に言うと、すべて人口比）。だから、新規感染者数がどうなるのかについては、すべてR_0（専門家は、「Rノート」と呼んでいる）にかかっている。$R_0 > 1$なら新規感染者は増えていき、$R_0 = 1$なら新規感染者は横ばい、$R_0 < 1$なら新規感染者は減っていく。

西浦教授は、日本のR_0をドイツのデータをもとに2・5と考えた。そして、人との接触を8割削減すると、2・5×0・2＝0・5となるから、新規感染者数が急速に減っていくとしたのだ。「感染が2週間でピークアウト」するというのは、このモデルから出てくる結果ではなく、実際の感染日と感染の報告日の間に2週間のタイムラグがあるからで、実際には8割削減をすると、その日から新規感染者数は減少していく。

西浦教授のこのモデルに関しては、その後大きな批判が突き付けられた。5月29日に専門家会議が発表した資料によると、推定される感染日ベースでみると、感染のピークは4月1日だった。そして、7都府県に緊急事態宣言が発出された4月7日には、感染日ベースの新規感染者は、ピーク時の半分近くにまで減っていたから、そもそも8割の接触削減が必要だったのかという批判だ。

緊急事態宣言の前に新規感染がピークアウトした理由は、志村《しむら》けんさんが3月29日に亡くなったことの影響も大きいと思うが、もともと日本全体の基本再生産数が1を下回っていた、あるいは少なくとも東京を除く全国では、1を下回っていた可能性がある。つまり、8割接触削減という自粛目標は、とんでもない見当違いだった可能性が高いのだ。ただ、そのことで、一概に西浦教授を非難することはできない。日本は、PCR検査をほとんどしていなかったから、日本の基本再生産数に関しても、信頼できるデータがほとんどなかったのだ。厚生労働省内には、当時の東京都の実効再生産数をもとに、基本再生産数を

1・7とする案も出ていたが、西浦教授は受け入れなかった。この点に関して西浦教授は7月9日の毎日新聞で、次のように述べている。

欧州で人々が次々と亡くなるような流行シナリオでは、日本のICUのキャパシティを超えてしまうことを伝えた上で、その後の流行対策を考えておくべきだと思いました。それで、流行曲線とICUの関係を3月19日の専門家会議の資料に載せてくださいとお願いしました。

厚労省の人たちからは「被害想定に関連するものは、パニックが起こる。厚労省の歴史としてやったことがない」と反対されました。実効再生産数を2・5で計算したところ、「(想定する感染者数が少なくなる) 1・7も載せた方がいいのでは」とも言われました。1・7も載せるというのは良い意見でしたが、重症患者数が医療の受け入れ能力を超え得ることを伝えないといけないので、「ここはそういう話をしているところではありません」と断りました。ただ、死亡者数については言わないという約束でした。

これを見ると、西浦教授は当時、日本で欧州と同じような感染拡大が起き、病床が足りなくなる事態を危惧《きぐ》していた。だからドイツのデータを借りてきたのだ。もちろん、いまになって振り返ると、この2・5という基本再生産数の設定は間違っていた。だが、当時は「日本は欧米の二の舞いになる」という見方が支配的だったから、「日本は欧米とは違う」ということに西浦教授が気付かなかったことは、ある意味やむを得なかったのかもしれない。

一方、4月15日に「このまま何も対策をしなければ42万人が死亡するので、人との接触を8割削減することが必要」と記者会見で話したことに関しては、4月22日の「文春オンライン」で、西浦教授が発言の経緯を話している。

「何も対策をしなかったら、流行してこれくらいの規模の死亡者が出るという危機が目前に迫っていると、政権に腹を括ってもらうのが狙いでした。政府や厚労省の中では慎重な意見があり、厚労省の対策班としては公表できませんでした。そこで葛藤もありましたが、科学的な使命感を強く感じ、私自身が専門家個人として発表しなければならないと感じたのです。アメリカやイギリスなどでは、私と同じ研究をしている人たちは国と一緒に推計を公表して、その上でリスクを認識して対策を決めています。日本では今まで感染症の推定死亡者数を公表することはなかった。真正面のルートからではできなかったので、機会があったところで推計を公表させてもらったというのが経緯です」

西浦教授も、自らの使命を強く感じて、学者としての正義から、人との接触8割削減を打ち出したのだ。だから西浦教授の失敗は、西浦教授の科学者としての資質の問題ではなく、日本がきちんとPCR検査を実施せず、感染実態を明らかにしなかったことが原因なのだ。ところが、日本の感染実態を明らかにする施策は、その後も一向に進まなかった。

■腑に落ちない緊急事態宣言延長

2020年5月4日に安倍総理は、5月6日を期限としていた緊急事態宣言を5月末まで延長することを発表した。国民に厳しい自粛生活と経済や経営に危機をもたらす緊急事態宣言は、ほぼ2倍の期間に延長されることになった。そのことについて、安倍総理は、謝罪の意を示したが、本当に反省しているとは、私には思えなかった。専門家会議のメンバー構成に一切手を付けなかったからだ。

4月7日に7都府県に緊急事態宣言を出したとき、安倍総理は、新規感染者数を2週間でピークアウトさせ、1カ月で収束させると宣言した。市中感染率の調査をせず、感染実態が分からない中で、どうしてそんなことができるのか、私は不思議だったが、前述の西浦教授の数理モデルをもとに、それが可能だと安倍総理は決断したのだ。

感染実態が分からなければ、的確な対策は打てない。つまり、安倍総理は危険な賭《か》けに出たのだが、その賭けは失敗に終わった。それが緊急事態宣言延長の意味することだ。政治は結果責任だから、失敗した以上、安倍総理はコロナ対策を誤った専門家会議のメンバーを当然入れ替えるべきだった。読者のなかには、専門家会議は専門家として普通の判断をしただけだと思われるかもしれないが、そうではない。彼らは、主流派かもしれないが、決してスタンダードではなく、彼らと違うことを言う感染症専門家はたくさんいた。最も大きな差は、市中感染率に対しての姿勢だ。

専門家会議の尾身茂副座長は、4月1日の記者会見で「日本ではコミュニティーの中での広がりを調べるための検査はしない」と述べた。PCR検査による市中感染率調査の拒否だ。これは、その後も政府の方針として貫かれている。おそらく、そんなことをしたら、陽性者が病院に殺到して医療崩壊を招くという懸念があったからだろう。しかし、それは政府が言うべきことで、感染症の専門家が言うことではない。科学は、正確に現実のデータを見つめることから始まるのだ。実際、白鷗《はくおう》大学の岡田《おかだ》晴恵《はるえ》教授をはじめとする多くの感染症の専門家が2月の段階から、ずっと市中感染率の調査の必要性を主張し続けていた。それを無視して、非科学的な対策を打ち出し、失敗をもたらしたのだから、専門家会議の責任は重いと言わざるを得ない。尾身副座長は、専門家会議とは別に経済の専門家会議を組成して、両方の意見を政府が踏まえて、自粛解除など、今後の政策判断をすべきだとしているが、そうではないと私は思う。専門家会議のなかに統計学や経済学などの専門家を加えて、科学としての判断をすべきなのだ。

緊急事態宣言延長のもう一つの大きな問題は、全国一律に、県を越える移動の自粛を要請したことだ。西村康稔《にしむらやすとし》経済再生担当大臣は、5月7日の会見で、4月30日から5月6日までの1週間、新規の感染者がゼロの場所が岩手、高知、熊本など、17県あるとして、そうした地域については、5月14日にも宣言を解除できる可能性があるとした。ただ、そうした地域に対して、県外移動の制限を継続する必要がどこにあったのだろうか。

さらに、17県以外の地域でも、宣言解除が可能だった地域はたくさんある。たとえば東海地方では、5月7日時点で、特定警戒都道府県の一つに指定されている愛知県でさえ、4月25日以降、新規感染者数が5人以下の日が続いている。また、岐阜県は5日連続でゼロ、三重県は13日間連続でゼロだ。三重県は観光立県なのだが、県間移動が制限されているため、ナガシマスパーランドや志摩《しま》スペイン村など、多くの主要リゾート施設が休業を続けていた。少なくとも東海地方のなかで、県間移動を容認しても、リスクはさほど大きくなかったのではないか。

関東地方をみても、新規感染者の数を4月26日から5月2日までの平均でみると、東京の94人に対し、埼玉12人、千葉6人、神奈川19人と、南関東3県は、ほぼ1桁少なくなっている。北関東は、群馬1人、栃木0人、茨城1人とさらに1桁少なくなる。つまり、東京から少し離れるだけで、感染者数は激減するのだ。

全国一律の緊急事態宣言を継続した理由は、解除地域を作ると、そこに観光客などが殺到して、感染を広げてしまうからだという。しかし、それを防ぐ方法は、全国レベルで県境を越える移動を制限することに限らない。感染が深刻な地域から他県への移動を抑えればよいのだ。

緊急事態宣言延長の３つ目の問題は、どのような状態になったら、宣言が解除されるのかという具体的な基準を示さなかったことだ。この点に関しては、５月５日に大阪府の吉《よし》村洋文《むらひろふみ》知事が、「大阪モデル」と呼ぶ自粛要請解除のための独自基準を発表した。①新規の感染経路不明者10人未満、②陽性率７％未満、③重症病棟の使用率60％未満という３条件を１週間連続で満たせば、自粛要請を解除するとしたのだ。

大阪モデルは、具体的で分かりやすく、大阪府民だけでなく、多くの国民から称賛された。だが問題は、この基準が東京に適用できないということだった。実は東京都は、ＰＣＲの行政検査の人数については発表しているものの、民間検査分は当時発表していなかった。だから、陽性率を計算できなかったのだ。ただ、おそらく大阪モデルの発表を受けてだろう。東京都は５月７日になって初めて民間検査分を含む陽性率の数字を明らかにした。ただ、相変わらず、民間検査を含む検査人数は公表していなかった。なぜ、完全なデータを公表しないのだろうか。

東京都についてはは、まだ疑問がある。政府は、献血者からの同意を得て血液の一部を抗体検査に活用すると決め、東京都内と東北地方で５００検体ずつ検査を行い、東京都分は４月22日と23日に血液を採取した。その結果は、当初５月１日にも公表する方向だと報じられていたが、実際に公表されたのは2週間も遅い5月15日のことだった。私は当時、東京の感染実態が相当ひどいことになっているので発表しないのではないかと考えていた。

たとえば、東京の慶応大学病院の4月23日の発表によると、入院予定の一般患者67人に対して、PCR検査を行ったところ、およそ6%、4人が陽性だった。サンプル数が少ないうえに、入院患者という偏ったサンプルだったため、この感染率をそのまま使うのは危険だが、仮に6%が感染者だとすると、東京の人口は1395万人だから、84万人も感染者がいることになる。これは、公表されている感染者数の264倍で、とんでもない数だ。

だが、事態は真逆だという情報もあった。献血の検体を調べてみたら感染率が予想以上に低かったので、自粛が緩むことを警戒して、結果を出さないというのだ。確かに献血にくる人は健康そのものの場合が多いから、感染率が低いことは十分考えられる。ただ一つ明らかなのは、政府や東京都が国民にありのままのデータを示すという姿勢を持っていないということだ。

そもそも、根拠なしに緊急事態宣言を行ってしまったから、出口戦略を描けないのだ。しかし、ずるずると自粛を続けたら恐ろしいことが起きる。中国や韓国ではすでに感染が収束し、経済活動が元に戻りつつある。中国の4~6月期のGDPは、前年同月比で3・

２％も増えているのだ。ヨーロッパも5月から経済活動を元に戻す取り組みを始めている。このままだと、世界経済のなかで日本だけが沈没することになりかねないのだ。

■東京を封鎖して、他の地域の経済をできるだけ早く元に戻す

以上のことを考えると、私は、まず東京都で無作為抽出による１０００人規模の抗体検査とＰＣＲ検査を同時に行って、感染実態を明らかにすべきだと思う。１日あればできる検査の規模だ。そして、そこである程度高い市中感染率が出てきたら、「東京以外」の緊急事態宣言を解除するのがよいと考えている。

複数の感染症の専門家は、全国の新規感染者が１００人を切れば、緊急事態宣言解除が考えられると言ってきた。ただ、「東京以外」で考えれば、5月6日以降は、全国の新規感染者数は１００人を割り込んでいる。十分解除が可能な水準だ。

また、5月10日に厚生労働省が発表した都道府県別の入院患者用のベッド使用率によると、8割を超えていたのは、東京と石川だけだった。つまり、東京と石川以外は、重症患者用のベッドにある程度余裕があったのだ。

だから東京だけは緊急事態宣言を継続して、条件を一つだけつければよい。それは、東京へ行ってはいけない。そして、東京から出てはいけないということだ。

もちろん、日本の場合は、海外と異なって、法律上、都市封鎖はできないとされている。しかし、本当にそうだろうか。たとえば、鉄道事業は認可事業だから東京との県境をまたぐ列車の運行を禁止することは、実質的に可能だ。高速道路も、株主は、100%政府なのだから、東京との県境をたとえば乗用車に限って封鎖することは可能だろう。

東京を封鎖して、他の地域ではできるだけ早く経済を元に戻すのだ。そうすれば、人口の9割、経済の8割を元に戻すことが可能になる。東京都民には厚い手当をして、経済は残りの地域が頑張る。それが、感染症対策と経済対策をバランスさせる一番よい方法なのではないだろうか。この問題については、第6章でもう一度検討する。

■韓国の成功には目もくれず

日本で感染収束の目途が立たないなか、積極的なPCR検査と隔離を行った韓国は、いち早く新型コロナウイルス感染症の抑え込みに成功した。

韓国の文在寅《ムンジェイン》大統領は、2020年4月18日にドナルド・トランプ米大統領と電話で、新型コロナウイルス対策に関する意見交換をした。韓国大統領府によれば、トランプ大統領は、韓国の感染対策を「最上の模範になった」と評価したという。日本では大きく報じられないが、韓国のコロナウイルス対策は、完璧に近いものだった。

もともと韓国は、大邱《テグ》市の宗教施設で集団感染を起こすなど、初期に感染が拡大した世界が注目する流行国だった。ところが、4月中旬以降、新規感染者数が20人から30人台になり、4月下旬には1桁と、感染が収束に向かったのだ。一方、同時期の日本は500人程度の感染が続いていて、収束の気配が見えなかった。その差は歴然だ。なぜこんなに差がついてしまったのか。

最も大きな原因は、PCR検査数の差だ。韓国は、感染初期から徹底的に検査をする方針を採った。韓国の検査数は、ピークとなった3月6日で1万8199件だ。日本は、第1波のピークの4月14日に9669件だ。韓国の検査数がピークとなった3月6日の日本の検査数は、わずか699人に過ぎない。しかも韓国の人口は5000万人程度だから、人口当たりでみると差は、さらに広がる。たとえば、4月11日現在の人口当たりの累計PCR検査数は、韓国が日本の18倍になっている。

韓国が感染抑制に成功した第2の理由は、徹底した感染者の隔離と情報公開だ。韓国では自宅隔離を命じた感染者の位置情報をスマホのGPSデータで監視するとともに、新たな感染者が発生した場合には、近隣の住民や従業者に警告メッセージを送るとともに、感染者が過去2週間に立ち寄った施設をウェブ上で明らかにした。日本では、個人情報の問題もあって、そうした取り組みは行われなかった。厚生労働省が新型コロナウイルス接触確認アプリ「COCOA」の配信を開始したのは、6月19日のことであり、韓国よりも3カ月以上遅れたのだ。また、COCOAは希望者のみが対象で、しかも行動記録が一切残らない「プライバシー尊重型」だった。

第3の違いは、徹底した院内感染対策だ。韓国では、全国341カ所の国民安心病院で、感染者を一般患者と完全分離して検査から治療をする体制を築いていたことに加えて、全国に638カ所の選別診療所を急遽《きゅうきょ》設置して、検査と隔離を徹底したのだ。

ただ、韓国がやった対策は、遅きに失したとはいえ、日本でもできる対策だ。中国や韓国が感染拡大を収束させ、欧米でもピークアウトの兆しが出ている。このまま日本だけがずるずると感染を拡大させると何が起きるのか。

阪神《はんしん》・淡路《あわじ》大震災の前、神戸《こうべ》港は世界第6位の国際貨物港だった。しかし、岸壁など施設の修復が遅々として進まないなかで、顧客をどんどん海外に奪われ、いまでは世界63位にまで転落している。

日本の２０２０年４～６月期の実質ＧＤＰ成長率は、年率換算でマイナス27・８％と、過去最悪のマイナス成長となった。前年同期比だとマイナス９・９％だ。中国は前期比の成長率を発表していないが、４～６月期の実質ＧＤＰ成長率は、前年同期比プラス３・２％と、すでにプラス成長に復帰している。韓国の４～６月期の実質ＧＤＰ成長率は、年率換算でマイナス12・６％だが、前年同期比では、マイナス２・７％と大きなマイナスとはなっていない。またＯＥＣＤ（経済協力開発機構）は８月11日に韓国の20年の経済成長率の見通しをマイナス１・２％からマイナス０・８％へ上方修正した。37の加盟国のうち、ＯＥＣＤが経済成長率を上方修正したのは、韓国が初めてだ。アジアの中で、日本だけが「沈没」しているのだ。

しかも中国や韓国が感染をほぼ収束させて経済を正常化しているのに対して、日本だけが収束の目途が立っていないのだから、この経済成長の差は今後も開いていく。日本の平均所得が韓国や中国に追い抜かれる事態も、決してあり得ない話ではなくなっている。そうした事態を防ぐためにも、日本は長期戦を挑むのではなく、コロナとの短期決戦に臨むべきなのだ。

■科学とデータに基づく出口戦略を

２０２０年５月11日の参議院予算委員会で、立憲民主党の福山哲郎《ふくやまてつろう》幹事長が、確認されている感染者数と比べて、実際の感染者数がどれだけ多いのかを質したところ、政府の専門家会議の尾身副座長は、「実は10倍か、12倍か、20倍かというのは、いまの段階では誰も分からない」と答えた。安倍総理も、「現在の感染者が、ＰＣＲ検査で確定している感染者数よりも多いだろうと考えているが、どれぐらいいるかは申し上げられない」と答弁した。

ある意味で、この答弁は正しい。日本は感染者数の調査をしていないからだ。もちろん、世界でも、どれだけの感染者がいるのかという市中感染率の調査をしている国は、それほど多いわけではない。ただ、先進各国は、日本よりも桁違いに多くのＰＣＲ検査をしているから、実質的には市中感染率の調査に近いデータが得られている。なぜ日本がＰＣＲ検査を拡大しないのか不思議だが、少なくとも現状の検査数を前提にする限り、感染実態を明らかにするためには、無作為抽出による市中感染率の調査が不可欠だ。

たとえば、1000人を無作為に選んで検査をして、10人が感染していたとしよう。平均の感染率は1％だが、二項分布を仮定すると、統計学的に95％の確率で、本当の感染率が0・4％から1・6％の間に収まることが分かる。「10倍か、12倍か、20倍か分からない」という事態は、回避できるのだ。だから、私はとりあえず感染の深刻な東京都で1000人規模の無作為抽出による調査を行うべきだと思う。そのとき、同一の人に対して、PCR検査、抗体検査、抗原検査を同時に行えばよい。そうすれば、検査方法ごとの感度や精度が分かるから、一石二鳥になる。

1000人の無作為調査をすることは、難しいことではない。本気を出せば、1日でできるだろう。問題は、それができないのではなく、やろうとしていないということだ。政府は強い意志をもって、感染実態を明らかにすることを拒み続けているのだ。

また、日赤の献血を用いて政府が行った抗体検査の結果公表が2週間も遅れたり、東京都がPCR検査の陽性率を公表したのが5月7日になってからだったり、厚生労働省が全国のクラスター発生状況を定期的に発表していないなど、データを積極的に国民に示す態度ではないことは明らかだ。

そんな態度で対策に臨んでいるから、科学とデータに基づく出口戦略が描けないのだ。業を煮やした大阪府の吉村洋文知事は、5月5日に「大阪モデル」と呼ぶ自粛要請解除のための独自基準を発表した。

翌日、西村経済再生担当大臣は、吉村知事の発言に不快感を表した。会見で「何か勘違いをされているのではないかと思う。強い違和感を感じている。ご自身で休業要請をされて、ご自身で解除されるわけだから、当然、ご自身でその説明責任を果たすのは当然であるので」と述べた。つまり自粛要請は都道府県の権限なのだから、自粛解除も都道府県の判断だと言ってしまったのだ。最初の緊急事態宣言のときに、東京都が独自に決めた自粛要請業種にクレームをつけて、理容業など一部の業種の自粛要請を政府が外した経緯を西村大臣は覚えていなかったのだろうか。ただ、いずれにせよ西村大臣のこの発言で、各自治体が独自に自粛解除の基準を作る流れが決まってしまった。もちろん、判断の基本となる感染者数のデータがないのだから、独自判断と言っても、その根拠は脆弱《ぜいじゃく》だ。

そして、5月14日に行われた政府の39県に対する緊急事態宣言の解除も、問題だらけのものになった。政府は、北海道と南関東4都県、大阪、京都、兵庫を除く39県の緊急事態宣言の解除を決めたが、その最大の基準となったのは、人口10万人当たり1週間の累積新規感染者数が０・５人未満というものだった。

私は瞬時にあやしいと思った。この基準だとPCR検査を積極的に行っている自治体は解除が遅くなってしまう。わざわざ検査を抑制させるような基準だ。しかもなぜ、０・５人という半端な数字になったのか。もともとイメージとしてあったのは、10万人当たり１人という基準だったのではないだろうか。

ただ、実際のデータを当てはめてみると、なぜ政府が０・５人としたのかが、おぼろげながら分かる。10万人当たり１人という基準だと、当てはまるのが北海道と東京だけになってしまうのだ。独自の出口戦略を示して政府に盾突いている大阪も解除になってしまうのだ。

一時的に感染爆発が起きている北海道を除けば、感染が深刻なのは明らかに東京だ。東京はPCR検査の数が少なく、陽性率も高く、重症患者用のベッドも不足している。誰がどう考えても、緊急事態宣言を解除できる状況ではない。しかし、データに基づいて、東京と北海道を除く全府県を解除対象にすると「東京」が浮き彫りになってしまうのだ。

ちなみに、５月13日現在の人口10万人当たりの週間累積新規感染者数は、北海道１・31、東京の１・24に対して、大阪０・73、埼玉０・72、神奈川０・79だ。だから、基準を１人にすると宣言継続は東京と北海道だけになるが、0・5人を基準にすれば、これらの府県を宣言対象にとどめることができる。ところが、困ったことに、千葉は0・32と0・5人の基準を下回っている。そこで、近隣都道府県の感染状況という条件を加えることによって、南関東3県を宣言対象にとどめ、そのあおりで兵庫や京都も宣言対象に残ったのではないだろうか。

私は、人口当たりの新規感染者数という基準は望ましいものではないと考えているが、その基準を採用するにしても、緊急事態宣言継続は、やはり東京と北海道だけでよかったのではないかと思う。特別定額給付金や持続化給付金を再度給付する予定はなさそうなので、経済を動かしていく以外に国民を救う道はないからだ。

■ソフトバンクグループの抗体検査が示すもの

市中感染率がどの程度あるのかという点で、私が最も信用できるデータだと考えているのが、ソフトバンクグループが行った抗体検査だ。ソフトバンクグループは、5月12日から6月8日にかけて、同グループや取引先関連の465社の社員3万8216人に対して、簡易検査キットによる抗体検査を実施した結果を発表した。陽性者は86人で、感染率は0・23％となった。私はこれまで一貫して、大規模な感染状況調査の必要性を訴えてきたが、政府に先駆けて、それをソフトバンクグループが実現したことになる。ソフトバンクグループの調査は、サンプル数が多いので、信頼性が極めて高い。統計学的にみると、本当の感染率は、95％の確率で、0・18％から0・27％の間に入ることになる。

問題は、この感染率をどう評価するのかということだ。6月8日時点で全国の感染者数の累計は1万7223人となっており、人口で割ると感染率は0・014％ということになっている。

抗体検査の感度が9割と仮定すると、ソフトバンク調査に基づく感染率は0・25％と、政府発表の18倍ということになる。

これまで、本当の感染者がどれだけいるのかということに関しては、専門家でも意見が分かれていた。政府発表より若干多い程度という専門家と政府発表の10倍以上いるという専門家が対立してきたのだ。今回のソフトバンクの調査は、18倍と、後者のほうが正しかったことになる。

この結果を踏まえると、一部で主張されていた集団免疫の獲得戦略は、とても採用できないということだ。人口の5割から7割が感染すれば、感染者が一種の防御壁となって感染拡大を止められる。しかし、0・3%にも満たない現状の感染率を前提にすれば、とてもそこまでの感染率に達することは、考えられない。

そして、ソフトバンク調査が示した最も重要なメッセージは、政府のコロナ対策が過剰反応だったのではないかということだ。感染実態が分からないから、政府は全国一律に厳しい自粛を要請した。たとえば、政府が県を越える移動の自粛を解禁したのは6月19日のことだった。しかし、感染者数の少ない地方間、たとえば青森県と岩手県の間の移動まで規制する必要があったとは、とても思えないのだ。

ただし、ソフトバンクグループの抗体検査は、完全ではない。年齢や地域が偏っているからだ。また、世界のコロナ感染の実態をみると、感染者は低所得層に偏っている。ソフトバンクグループの社員は、日本の中でも、相当な高所得層に位置する。そのため、本当の感染率は、これよりもずっと高い可能性も考えられる。だからこそ、行政が、無作為抽出による地域ごとの感染率調査をすべきなのだ。そうすれば、今後どのような規制をすればよいのか、自ずと明らかになるのだ。

■隠蔽体質を露わにした政府の抗体検査

ところが、厚生労働省は検査に関して、国民に正確な情報を開示するという本来の姿とは、真逆の方向に走り続けた。

加藤厚生労働大臣は、5月15日の会見で、4月23日と24日に日本赤十字が採血したサンプルの抗体検査の結果を明らかにした。東京の500サンプルの中で陽性と判定されたのは3サンプルで、陽性率は0・6%と非常に低い数字となった。慶応大学病院が4月13日から19日に来院した無症状の患者67人にPCR検査を行ったところ6%、4人が陽性者だったのと比べると10分の1の感染率だったのだ。

もちろん慶応大学病院の調査は、サンプル数も少なく、来院患者という偏った対象者だったが、そうした事情を踏まえても、日赤サンプルの調査結果は、予想よりはるかに低かった。

ただ、問題は公表のタイミングだ。日赤が東京都で採血を行ったのは、4月22日と23日だ。抗体検査は、すぐに結果が出る。実際、新聞報道では、5月1日には結果が公表されている見通しとされていた。ところが、実際の公表は、2週間も後だったのだ。公表が遅れているのは、高い感染率が出てきたからではないかと私は疑っていた。ところが、5月8日にあるテレビ報道関係者から、「すごく低い数字が出てきたので、公表を遅らせているらしいですよ」という話を聞いた。低い数字を出すと、ゴールデン・ウィークの自粛が緩んでしまうのを警戒したというのだ。私の耳に入ったくらいだから、小池都知事を含む関係者は、皆、この抗体検査の結果を知っていたはずだ。しかし、誰も、結果を口にしなかったのだ。

厚生労働省の隠蔽《いんぺい》体質は、もう一つの抗体検査でも露《あら》わになった。

6月1日から7日にかけて、東京都、大阪府、宮城県の3都府県の住民を無作為抽出して、新型コロナウイルスの抗体検査を行った結果を厚生労働省が6月16日に発表した。待望の無作為抽出による調査だったが、感染率は、東京都が0・10％、大阪府が0・17％、宮城県が0・03％だった。報道では、「東京の感染率0・1％」という数字が独り歩きしたが、数字をみた瞬間に、私は大きな違和感を覚えた。東京都の感染率がこんなに低いはずがないと思ったのだ。当時は全国の新規感染者数の3分の1が東京都だった。その東京の感染率が大阪より低いはずがない。

案の定、発表資料を詳しく見ると、おかしなことが起こっていた。この調査は、3都府県それぞれ約3000のサンプルを選んで調査をしたことになっている。ところが、実際に検査を受けた人数は、大阪が2970人、宮城が3009人と、ほぼ計画通りだが、東京都だけは1971人と、計画の3分の2しか検査が行われていないのだ。詳しい発表がないので、原因ははっきりしないが、おそらく東京では3分の1が調査を拒否したものとみられる。それでは、なぜ拒否をするのか。大阪や宮城は「自分は感染していない」と考える人が多いだろう。ところが、東京の場合は不安を感じる人がたくさんいる。そうした人なら、検査を受けない人が多いはずだ。感染が発覚すると、いろいろと不自由な生活を強いられてしまうからだ。

もう一つは、東京都が行った調査の対象が、東京都全体ではなく、板橋《いたばし》区、豊島《としま》区、練《ね》馬《ま》区の各1000人程度となっていることだ。これまでの状況から多くの感染者の存在が明らかになっている新宿《しんじゅく》区や世田谷区は含まれていないのだ。ちなみに、豊島区、練馬区は小池都知事の選挙地盤である衆院東京10区の地域が含まれているが、同じく東京10区に含まれる新宿区は調査対象外だ。

さらに、これは大阪や宮城も共通なのだが、抗体検査では、海外での評価が高い3社の検査キットが同時に使用された。ロシュ社製、アボット社製、モコバイオ社製の3種だ。厚生労働省が公表した感染者は、ロシュ社製とアボット社製の両方で陽性となった人に限られており、なぜかモコバイオ社製の結果は、「参考値」として外されているのだ。

仮に、ロシュ社製とアボット社製のどちらかで陽性と判定された人を感染者ということにすると、東京都の感染率は0・4%と4倍になる。さらに、モコバイオ社製のキットで陽性となった人は1・1%だ。公表された感染率の実に11倍となるのだ。仮に、この数字が正しいとすると、東京都でコロナに感染したことのある人は、15万人と、とてつもない数になる。

それなのに、政府も東京都も、市中感染率を調査しようとしない。新型コロナが問題になってから半年以上も経つのに、まったく動く素振りさえみせないのだ。これでは、感染が再拡大して当然なのだ。

第3章　経済対策失敗の背後に官僚の影

■消費税増税で急落し、コロナ感染がそこに輪をかけた

ここで、感染症対策の問題から視点を一度「経済」に移そう。政府が新型コロナウイルスの感染実態を把握せず、的確な感染症対策を打ち出せないなかで、経済対策もまた、後手後手に回ったのだ。

まず、統計で日本経済に何が起きたのかを簡単に見ておこう。図表3－1は、2019年6月以降の主要経済指標だ。

まず、家計調査で物価を調整した実質消費支出の対前年比をみると、消費のマイナスは2019年10月から始まっていたことが分かる。転落の原因はもちろん、消費税増税だ。ただ、その負のインパクトは徐々に和らいで、2020年2月にはマイナス0・3％まで戻ってきた。ところが、コロナ感染が拡大した3月にはマイナス6・0％、政府が7日に7都府県に、そして16日に全国に対して緊急事態宣言を出した4月は、マイナス11・1％と、マイナス幅が一気に拡大した。緊急事態宣言自体は、5月14日に39県が解除、5月25日に全国が解除されたが、5月の消費はマイナス16・2％と、さらにマイナス幅を拡大し

図表3-1　主要経済指標の推移

	家計調査 実質消費 前年比	景気動向指数 CI 一致指数	有効 求人倍率	消費者 物価指数 前年比
2019年6月	2.7	99.1	1.61	0.6
7月	1.0	99.2	1.59	0.6
8月	1.0	98.0	1.59	0.5
9月	10.5	99.5	1.58	0.3
10月	-4.0	95.8	1.58	0.4
11月	-1.4	94.6	1.57	0.6
12月	-3.3	93.9	1.57	0.8
2020年1月	-3.9	94.4	1.49	0.8
2月	-0.3	94.3	1.45	0.6
3月	-6.0	89.4	1.39	0.4
4月	-11.1	79.3	1.32	-0.2
5月	-16.2	72.9	1.20	-0.2
6月	-1.2	76.4	1.11	0.0

※出所　総務省「家計調査」、内閣府「景気動向指数」、厚生労働省「職業安定業務統計」、総務省「消費者物価指数」。

た。自粛要請は、空前の消費減少をもたらしたのだ。

国内総生産の6割を占める消費がこれだけ落ちれば、経済が持ちこたえられるはずがない。景気動向指数の一致指数は、①鉱工業生産指数、②鉱工業用生産財出荷指数、③耐久消費財出荷指数、④所定外労働時間指数、⑤投資財出荷指数、⑥小売業販売額、⑦卸売業販売額、⑧営業利益、⑨有効求人倍率、⑩輸出数量指数という景気に敏感に反応する10の指標を合成して、経済全体の動きを示すように内閣府が作成している景気指数だ。

これを見ると、景気後退は2019年8月から始まっているが、消費税増税で急落し、コロナ感染がそこに輪をかけたことがよく分かる。ちなみに4月の下落幅は過去最大で、5月の72・9という水準も、2009年4月以来11年1カ月ぶりの低さだった。

そうなると労働市場への影響も避けられず、1・6倍前後という空前の人手不足だった有効求人倍率が、2020年6月には1・1倍まで急落した。売り手市場が突然姿を消してしまったのだ。

そして、最も深刻なのが、消費者物価指数（除く生鮮食料品）の対前年上昇率だ。2019年には、かろうじてデフレからの脱却ができていたのに、2020年4月と5月は、マイナスになっている。6月は0・0%へと、かろうじてプラスになった。ただし、2019年10月の消費税増税の影響で物価上昇率が0・5%かさ上げされているから、実質的には2020年3月から物価がマイナスに転落し、それが続いていることになる。コロナ自粛は、日本経済をデフレに転落させてしまったのだ。

ところが、こうした日本経済の転落は、コロナ感染がまだあまり拡大していない2月の段階で、分かっていた。

■消費税増税という政治判断は、とてつもない政策的失敗だった

２０２０年2月7日に内閣府が発表した２０１９年12月の景気動向指数の基調判断は、5カ月連続の「悪化」となった。基調判断が5カ月連続で「悪化」となるのは、11年前のリーマン・ショックのとき以来だった。しかも、景気動向指数の一致指数は、7年ぶりの低水準にまで落ち込んでいた。この景気動向指数は、２０１９年12月分だから、新型コロナウイルス感染の影響をほとんど受けていない。

大和総研が2月6日に発表した新型コロナウイルスが経済に及ぼす影響を予測したレポートでは、流行が1年続くと、日本経済の成長率が０・９％押し下げられ、日本経済がマイナス成長に陥る可能性もあるとしていた。しかも、大和総研の予測は、中国からの観光客の減少など、直接の影響だけを推計したものだ。新型コロナウイルスの感染拡大に伴うサプライチェーンへの悪影響は、含まれていない。中国での生産が滞ると、中国製の部品を使用している製造業が製造を停止せざるを得なくなる。実際、日産自動車は中国製部品の調達ができないことで、主力の九州工場を2日間操業停止にした。タカラトミーは、中

国生産の滞りなどを理由に2020年3月期の連結業績予想を半減に下方修正した。こうした業績の下方修正は、多くの企業に広がりつつある。東京証券取引所に上場する企業で、業績予想を下方修正した企業は219社にも及んでいたのだ。

基調判断が「悪化」に転じた2019年8月の景気動向指数を個別の構成指標でみると、一番大きな原因になっていたのは、消費の低迷だ。「商業動態統計」による商業販売額の前年同月比がマイナスに転落したのは、2018年12月のことだった。つまり、1年近く前から景気後退の兆候が出ていたことになる。そして、前年比マイナスは2019年8月まで9カ月続いた。2019年9月は前年比4・6%のプラスと、消費税増税前の駆け込み需要が現れたが、その反動で10月はマイナス8・7%となった。しかも、11月はマイナス6・5%、12月はマイナス5・3%と消費の冷え込みは続いていた。商業動態統計は、税込みの販売額で調査されているから、消費税増税後の増減率は、消費税増税分を差し引いたものが、正しい数字になる。つまり、2019年12月時点でも、商業販売額は前年比実質7%程度のマイナスが続いているということになる。

ただでさえ消費の減少が続いているところに、消費税増税を断行してしまったから、消費が一気に冷え込んでしまった。つまり消費税増税という政治判断は、とてつもない政策的失敗だったのだ。そこに新型コロナウイルスの感染拡大の悪影響が加わっていくのだから、日本経済は泣きっ面に蜂の状態になっていたのだ。さらに、そこに東京オリンピックが延期されれば、延期の影響が加わった。32兆円と言われる経済効果を持つオリンピック延期の影響が加わった。

当然、その分だけ経済の足を引っ張ることになる。東京オリンピックの延期が正式に決まったのは3月24日だったが、それは「中止」ではなく「延期」することが決まっただけで、2020年に東京オリンピックが開催できないことは2月の時点で確定的だった。1月22日には、中国の武漢《ぶかん》で予定されていた東京オリンピックのボクシングのアジア・オセアニア予選が中止された。これを皮切りに、世界でスポーツイベントの中止が相次ぎ、国内でも、3月1日実施の東京マラソンは、一般ランナーを参加させずに行うことになった。誰の目にも2020年のオリンピック開催ができないことは、明らかだったのだ。

つまり、2月の段階で、①2019年10月の消費税増税、②新型コロナウイルス感染拡大、③東京オリンピックの延期という三重苦に日本経済が陥ることは明らかであり、早急な景気対策を打つ必要性は明白だった。対策は早いタイミングで打つほど効果が大きくなる。病気の早期治療が有効なのと一緒だ。

これは決して後講釈ではない。たとえば、松尾匡《まつおただす》立命館大学教授が中心となり、私も賛同人として名を連ねている「薔薇《ばら》マークキャンペーン」は、3月1日に「緊縮政策が招いた人災・新型コロナ感染拡大と生活防衛にむけて」という事務局声明を発表している。その概要は、以下の通りだ。

新型コロナウイルス感染拡大に対し日本政府が無力なのは、過去20年で検査研究機関の予算を3割超も削減するなど、緊縮政策で公衆衛生をおろそかにしてきた結果であり、人災です。

また、安倍政権の全国一斉休校要請などの対策は、高まる政権批判をかわすために、迷走しながら無責任な強権発動をするものです。いま政府に求められているのは、強権発動ではなく、感染拡大をふせぐ行動を人々が取れるようにする大胆な財政政策です。

第一に、政府が要請したイベント等の自粛と学校休校については、労働者や自営業・サービス産業など影響を受ける方々への休業・生活補償が必要です。

第二に、本気で感染拡大をふせぐためには、政府は、労働者に100%の休業手当を払うよう事業者に求め、事業者には政府が補償をすべきです。

政府による休業補償の必要額は、私たちの試算では、２ヶ月で６・２兆円、１ヶ月で３・１兆円です。現状の政府の言う「予備費の２７００億円」は全く足りません。全額、国債で対応すべきです。

これに加えて、緊急政策として、消費税の５％への減税が今すぐ必要です。人々の生活を守るための、政府の速やかな決断を求めます。

要は、完全な休業補償と消費税の税率５％への引き下げを求めたのだ。私自身は、消費税は５％に引き下げるのではなく、ゼロにしたほうがよいと考えていたし、いまでも考えている（参考図書：角川新書『消費税は下げられる！』森永卓郎）が、事務局声明の休業補償と消費税減税というコロナ対策の二本柱は、適切な政策だったといまでも考えている。

ところが令和2年度予算を審議する国会で、最大野党の立憲民主党は、消費税減税をしろという主張を一切しなかった。それどころか、国会では経済失速を無視した議論が予算委員会で延々と続けられたのだ。

２０２０年2月12日の衆院予算委員会で質問に立った立憲民主党の辻元《つじもと》清美《きよみ》議員が、和泉《いずみ》洋人《ひろと》首相補佐官と厚生労働省の大坪《おおつぼ》寛子《ひろこ》審議官が、海外出張時に不適切な宿泊の仕方をした問題などを採り上げ、「鯛《たい》は頭から腐る」と安倍総理を間接的に批判して自席に戻ろうとしたところ、「意味のない質問だよ」と安倍総理がヤジを飛ばした。これに野党が反発して予算委員会が空転し、安倍総理が同月17日に謝罪することになった。

確かに安倍総理の発言は、国会審議への冒瀆《ぼうとく》だし、桜を見る会や政府に近いとみられる黒川弘務《くろかわひろむ》東京高検検事長の定年を法律無視で半年間延長した問題など、安倍政権の腐敗ぶりが、目に余るほどひどいことは間違いない。ただ、予算委員会で審議すべきことは予算だ。ところが、本来の目的を忘れた論戦が延々と行われたあと、令和2年度予算は3月27日に政府案通り成立した。新型コロナウイルス感染対策の費用を1円も盛り込まない「画期的」な予算だった。

つまり、経済的にみると、政府は初動の対策に完全に失敗したのだ。

■消えた消費税減税案

私は、いまでも、新型コロナウイルスの景気対策として最も公平で、効果的で、効率的な手段は、消費税率をゼロにすることだと考えている。

第1は公平性の観点だ。新型コロナウイルス感染で一番大きな影響を受けたのは低所得層だ。消費税というのは逆進的な税制で、収入に占める税負担の割合は、低所得層ほど高くなる。だから消費税率をゼロにすれば、景気後退で苦しんでいる国民を救うことができる。また、富裕層は、実質的な生活費を自分の会社の経費で落としている。経費で落とせば、消費税は控除されるから、富裕層は、そもそも消費税をほとんど負担していないのだ。

第2は、効果の大きさだ。これまでに述べたように、今回の大きな景気後退の引き金となったのは、消費税増税だった。今回だけでなく、日本経済は消費税増税のたびに大きな不況を招いてきた。これまで日本は消費税減税の経験がないが、消費税増税の被害の大きさを考えれば、逆をやれば大きな景気対策になるのは確実だ。

第3は、効率性だ。消費税率をゼロにすることは、ほとんどコストがかからない。消費税率を5％に下げることにしたら、システムの改修に大きなコストがかかるが、ゼロにするのなら税抜き価格をそのまま請求すればよいだけなので、システム改修はほとんどいらないし、システムをそのままにしていても、取引は可能だ。たとえば、景気対策として給付金を支給する場合、対象者名簿の作成から始まって、適格性の審査、実際の給付口座の確認など、膨大な作業が必要になる。消費税率ゼロには、そもそも名簿が要らないから、やろうと思ったらすぐに実行に移せるのだ。

実際、欧州各国では新型コロナウイルスの感染拡大に伴う景気対策として、付加価値税の減税策が採られている。たとえばドイツは2020年7月から12月まで半年間の標準税率を19％から16％に引き下げた。同時に生活必需品への軽減税率を7％から5％に引き下げている。ドイツの軽減税率の対象品目には、食料品のほかに、水道水、書籍・雑誌、旅客輸送などが含まれる。日本では、これらの税率は10％だから、これらの商品については、ドイツの付加価値税率は、日本の半分になったのだ。

一方、新型コロナウイルス感染の拡大で大きな被害を受けた業界を救済するために付加価値税率を引き下げた国もある。たとえば、イギリスは、飲食、宿泊、映画館の付加価値税率を20％から5％に引き下げた。ベルギーは、飲食の付加価値税率を12％から6％に、ノルウェーは旅客輸送や宿泊、映画、スポーツイベントの付加価値税率を12％から6％に引き下げた。ブルガリアも2021年末まで、飲食店などの税率を20％から9％に引き下げた。

また、オーストリアは、生活支援と業界支援の両方を兼ねて、飲食や美術館に加えて、新聞や書籍の付加価値税率を10％または13％から5％へと引き下げている。

図表3-2　欧州各国で引き下げられる付加価値税

国	期間	税率	主な対象品目
イギリス	2020年7月15日～ 2021年1月12日	20%▶5%	レストランなどでの食事、ホテル宿泊、映画館のチケット
ドイツ	2020年7月1日～ 2020年12月31日	19%▶16% 7%▶5%	すべてが対象。標準税率＝16%、生活必需品への軽減税率＝5%
オーストリア	2020年7月1日～ 2020年12月31日	10%または 13%▶5%	レストランなどでの食事、美術館チケット、本や新聞
ベルギー	2020年6月8日～ 2020年12月31日	12%▶6%	レストランやケータリングによる食事
ノルウェー	2020年4月1日～ 2020年10月31日	12%▶6%	交通機関の利用や、ホテル宿泊、映画館チケットやスポーツイベント
ブルガリア	2020年7月1日～ 2021年末	20%▶9%	飲食店などの利用

さらに7月20日の時事通信の報道によると、イタリアやアイルランドなども付加価値税の減税を検討しているという。

こうした対策は極めて合理的だ。たとえば、第2次補正予算に盛り込まれた観光支援のためのＧｏＴｏトラベルキャンペーンでは、1兆6794億円という巨額の予算が設定されたが、事業を取り仕切る事務局への事務委託費の上限が3095億円と、予算の18％を占めていた。つまり、その分だけ予算が国民に行き渡らず、効果が薄れることになる。消費税率をゼロにするのであれば、そうしたコストは一切かからない。ところが、私が知る限り、財務省が消費税率の引き下げを検討したことは、まったくない。それは、どんな無駄遣いをしても構わないから、消費税率には一切さわらせないという財務省の強い信念があったからだ。

■迷走した景気対策

財務省が腐心したのは、消費税率に手を付けず、見せかけだけを大きくする景気対策を作ることだった。政府は2020年4月7日に新型コロナウイルスの感染拡大に対する緊急の経済対策を発表した。総額108兆円と過去に例のない大型対策だと安倍総理は胸を張ったが、これは融資枠などを単純に合計しただけの「事業規模」であり、実際の財政負担額（真水）は39兆円と小さい。

最大の焦点だった現金給付は、世帯当たり30万円ということになったが、実はここにも数字のカラクリがある。給付を受けられるのは5000万世帯のうち1000万世帯だ。つまり、国民の8割は1円も給付が受けられないということだ。

たとえば、アメリカでは家計支援として、大人1人当たり13万円（子どもは5万5000円）を富裕層を除いたすべての国民に給付する。イギリスは、賃金の8割を休業補償する。フランスでは当初、企業が従業員に額面の70％を支払い、国がその全額を補償するという政策がとられた。新型コロナウイルス対策で収入が減る国民に対して、あまねく補償するというのが、世界の流れだ。それなのに日本は8割の世帯が給付を受けられないのだ。

また、休業を要請された企業に対する補償も併用するのが世界の主流だが、安倍総理は、休業を要請する企業に対する補償を行う考えがないことを表明した。

国民や企業に厳しい自粛を要請しながら、企業への休業補償はしない。国民の8割には1円も支払わない。世界でも特異な経済対策を日本政府は決めたのだ。

経済対策の目玉だった30万円の給付だが、詳細な運用基準は二転三転し、なかなか明らかにならなかった。ただ、報道ベースによると、次の2つの条件のいずれかを満たす世帯が受給できることになっていた。

①　2月以降に収入が減少し、年収換算で住民税非課税水準まで落ち込む世帯

②　2月以降に収入が半分以下に減り、住民税非課税水準の2倍以下に落ち込む世帯

住民税が非課税になる年収は、自治体ごとに微妙に異なるが、東京23区内に住むサラリーマンの場合、単身世帯で年収100万円以下、専業主婦と子ども2人の4人世帯（いわゆる標準世帯）は年収255万円以下となる。

そもそも年収は、年末が来ないと分からない。その問題をどう解決するのかは、この時点では詰められていなかった。ただ、普通のサラリーマンがこの条件を満たすのが相当難しいことだけは間違いなかった。

普通のサラリーマンは、労働条件不利益変更禁止の法理があるから、会社が苦境に陥っても、給与はすぐには減らない。減るのはボーナスだ。ボーナスが激減しても、普通は年収が2割程度減るだけだろう。ということは、①の条件を満たす可能性があるのは、元々の年収が300万円以下の人ということになる。男性で年収300万円以下のサラリーマンは、国税庁の民間給与実態調査によると、全体の2割だ。妻がパートの場合は、出勤抑制などで、年収が減るケースは多いだろうが、今回は「世帯」が適用単位なので、パートの妻の減収はカウントされない。

年収半減という②の条件は、正社員のサラリーマンの場合は、適用されるケースがほとんどない。

年金生活者は、住民税非課税世帯が多いが、年金給付は4月から0・2%改善されているので、「収入が減少」という条件を満たせず、ほとんど対象にならない。

ただ、こんなケースはもらえるのかもしれない。たとえば、年金以外に少しだけアルバイトをしていたが、新型コロナウイルスの影響でアルバイトを辞めた高齢世帯は、①の条件に当てはまる可能性があるのだ。

また、夫が単身赴任で世帯を分けており、単独世帯となっている妻が、アルバイトを減らした場合、①も②も条件を満たす可能性がある。

このように当初政府が打ち出した「困窮世帯に限って30万円の現金給付」というコロナ不況対策は、とてつもなく不公平なものだった。同じように世帯年収が減っていても、普通の世帯は1円も給付がもらえないのに、夫が単身赴任しているだけで、妻が30万円もの給付が受けられるからだ。

そのほかにも、あまりに複雑な制限を設けたため、実際に給付業務にあたる役所には、とてつもなく大きな作業負担がのしかかる。実際、東京都の保坂展人世田谷区長は、テレビ番組で「人工知能を搭載したプログラムでも提供してもらわないと、とても申請の処理ができないほど、複雑だ」と話していた。また、役所に問い合わせが殺到し、人がやってくるのも確実だ。そうなったら、そこで感染が拡大する可能性さえあるのだ。

政府は、そんな史上最悪の新型コロナウイルス対策をなぜ決めたのだろうか。

2020年3月31日に自民党政務調査会が政府に提出した提言には、「消費税5％減税分（国分）に相当する約10兆円を上回る給付措置を、現金給付・助成金支給を中心に、クーポン・ポイント発行等も組み合わせ、全体として実現すること」、「所得が大きく減少し、日常生活に支障をきたしている世帯・個人に対し、緊急小口資金特例とは別に、日々の生活の支えとなる大胆な現金給付を感染終息に至るまでの間継続的に実施し、万全なセーフティネットを構築すること。支給にあたっては、支給基準を明確化し、市区町村に過度な負担とならないよう努めること」と書かれている。

要望された給付措置の予算は10兆円、これを単純に人口で割ると、1人当たり8万円ということになる。そのままでは、諸外国の給付措置と比べて、どうしても見劣りしてしまう。そこで支給の単位を世帯として、水増しすることにした。1世帯当たりの平均人員は2・5人だから、同じ予算で、表面上2・5倍の給付ができる。つまり、8万円×2・5＝20万円となる。ただ、それだとインパクトがない。そこで、収入減少などの条件を付けることで対象世帯を絞り込み、1世帯当たりの金額を30万円まで増やしたというのが舞台裏なのではないだろうか。

そして、最終的に条件をさらに厳しくすることで、この30万円の給付の予算は、３兆円にまで圧縮されたのだ。

ただ、アメリカ並み（大人１人当たり13万円、子どもは５万５０００円）の給付をしても、予算は15兆円で済む。一律給付にすれば、迅速な対応もできるし、市区町村の負担も小さい。１０８兆円の経済対策を行うというのであれば、15兆円を現金給付に振り向けても、多くの国民が納得するだろう。

しかし、自民党政調の提言をみると、10兆円の予算は、消費税５％分と書いてある。実は、自民党の若手議員のなかからは、新型コロナウイルス感染拡大に伴う経済対策として、消費税を５％に引き下げる案が提案されていた。自民党政調が決めた10兆円給付というのは、「現金給付でその分を国民に還元するから、消費税減税をあきらめなさい」という意味なのだ。実際、自民党政調の提言のなかに、消費税減税は一切含まれていなかった。

■財務省の基本姿勢は財政緊縮

私は、この史上最悪の愚策に、財務省の影を感じざるを得ない。財務省は、戦後最大の経済危機に遭遇しても、財政緊縮という基本姿勢をまったく変えていない。財政緊縮というのは、税金は消費税を中心に1円でも多く取る、財政支出は1円でも抑制するというやり方だ。

実は、景気が悪化した場合、適切な財政出動を行って、景気を戻したほうが、中長期でみたときには、財政はよくなる。景気が悪化すると、税収が落ちてしまうからだ。ただ、財務省は、目先の財政収支の悪化を嫌がる。それは一体なぜなのか。

最近、日銀OBと話をしていて、なるほどと思ったのは、日銀も財務省と同じ官僚組織だが、トップが指示すればガラリと変わる組織だということだ。現に、日銀は、第2次安倍政権以前は、インフレターゲットを「トンデモ経済理論」として相手にもしていなかったのだが、安倍政権がいまの黒田《くろだ》東彦《はるひこ》総裁を任命すると、突然、インフレターゲットを金融政策の基本政策に据えたのだ。

ところが、財務省はそうではない。政権がどんなに変わっても、「緊縮」というスタンスを変えない。それどころか、民主党の野田佳彦《のだよしひこ》政権のときが典型だったが、政権に働きかけて、政党の政策を緊縮に変えさせてしまうのだ。

言い方が悪いかもしれないが、私は、日本の財務省は一種の宗教団体なのではないかと考えている。経済合理性よりも、財政緊縮という教義が最優先されるからだ。

新型コロナウイルス終息後に、日本経済を立て直すためには、残念ながら、財務省解体というところから始めないといけないのかもしれない。

■10万円給付への転換

安倍政権は、結局、5300万世帯中1300万世帯（25％）が現金給付の対象となると見込んで補正予算を組んだ。しかし、それはあくまでも予算枠であり、実際にはあまりに複雑な手続きで、あきらめてしまう人が出てきたり、支給対象の多くがフリーターに代表される低所得・単独世帯に集中するとみられたりすることから、おそらく実際に給付を受けられる「人数」は、国民の2割弱になる。8割以上の国民は蚊帳《かや》の外に置かれるのだ。

こうしたあまりに小さな支援策に対して、国民の批判が大きく高まっていった。

そして4月14日になって、自民党の二《に》階《かい》俊博《としひろ》幹事長が追加の経済対策として、一律10万円の現金給付を政府に強力に申し入れる意向を表明した。翌日の4月15日には、公明党の山口那《やまぐちな》津《つ》男《お》代表も、安倍総理に所得制限なしで国民１人当たり10万円の給付を行う提案を行い、安倍総理も、「方向性をもってよく検討したい」と応じた。

実は、これは新しい提案ではない。もともと野党は国民１人当たり一律10万円の給付を一致して求めていたし、公明党も同じことを言っていた。実は、自民党の若手議員の多くも、それと同じことを求めていたのだ。つまり、国会は、全会一致に近い形で、国民１人当たり一律10万円給付を求めていたのだ。実際、国会でも水面下では、２０２０年度当初予算を修正して、その費用を予算に入れようとする動きがあったのだという。ところが、4月の頭に、一律10万円給付は忽然《こつぜん》と姿を消し、厳しい所得制限と複雑な手続きを伴う１世帯30万円という案に代えられてしまったのだ。

一体誰がそんなことをしたのか。私は、各メディアの政治部記者たちに10万円給付案を潰《つぶ》した犯人が誰なのか聞き続けたのだが、犯人を特定することは難しいと記者たちは明言を避けた。ところが、4月14日のＢＳ－ＴＢＳの「報道１９３０」に出演した際に、共演した大塚耕平《おおつかこうへい》国民民主党代表代行に同じ質問をぶつけたところ、大塚氏はこう言った。

「それは、霞が関からやってきた総理秘書官ですよ」

実は私も薄々そうではないかと考えていた。それが確信に変わったのは、3日後の4月17日に再びBS-TBSの「報道1930」に出演したときだった。共演した甘利明《あまりあきら》自民党税調会長が驚きの証言をしたのだ。甘利氏は3月13日に「シンプルでインパクトのある対策とするため、一律5万円給付」を総理に直談判《じかだんぱん》していたというのだ。それに対して、総理は「自分もまったく同じ考えだ」と応じ、ただし「金額は自分にまかせてほしい」と言ったという。そして、甘利氏も一律給付案を反古《ほご》にしたのは、総理秘書官だということを強く示唆したのだ。

もう一度、事態を整理しておこう。甘利氏は3月13日に総理に一律の現金給付を提案し、総理も同じ考えだと応じている。3月31日には、与党の公明党が10万円給付を提言している。野党は、もともと一致して一律10万円給付を要求していて、4月2日には野党統一会派が一律10万円給付を政府に申し入れている。さらに自民党内にも若手を中心に一律10万円給付を主張する議員が多かった。つまり、3月の段階では、野党も与党も、そして総理までが一律10万円給付を考えていたことになる。それが4月3日に突然、困窮世帯への30

万円給付に代わってしまった。つまり、わずか数日という短期間に総理秘書官が10万円給付をひっくり返したことになる。

総理大臣は霞が関から送り込まれた6人の秘書官に囲まれている。経済産業省出身の今井《いまい》尚哉《たかや》政務秘書官を筆頭に、財務省、外務省、経産省、防衛省、警察庁出身の5人の事務秘書官だ。彼らは、国の基本政策に強い影響力を行使していると言われている。

しかし、それが事実だとすると、とんでもない非常識だ。首相秘書官は、単なる官僚だ。選挙で選ばれたわけではない。それが、国権の最高機関である国会の意向を無視して、国の最重要施策を決めてしまう。そんなことが許されてよいはずがない。

■危機対応を遅らせた総理秘書官

安倍総理は、4月16日に、それまでの困窮世帯への30万円給付を撤回し、国民一律10万円給付に向けて補正予算を組み替えるよう政府に指示した。一度閣議決定をした予算を組み替えるのは、異例中の異例だ。翌日の記者会見で安倍総理が、「もっと早く判断しておけばよかった。混乱を招いたのは私の責任であり、お詫《わ》びする」と陳謝したこともあり、メディアは急転直下の政策変更と報じた。

なぜ秘書官たちは一律10万円に反対したのか。財政への懸念が原因であることは明らかだろう。30万円給付は予算ベースで３・９兆円であるのに対して、一律10万円には12兆円以上の予算が必要となる。ただ、秘書官たちが思い付いた30万円給付には重大な欠陥があった。

対象となる国民が２割程度となるために、困っている人の多くを救済できない。また、制度があまりに複雑になるため、市町村の事務負担が膨大になり、支給も遅くなってしまうのだ。

私は、一律10万円給付への方針転換は、結果としてよかったと思う。しかし、危機対応への遅れをもたらした官僚出身の首相秘書官たちは、更迭《こうてつ》すべきだろう。

もっと言えば、この際、首相秘書官を官僚から登用するのをやめて、民間出身者や霞が関から距離を置く官僚ＯＢから登用する形に変えたほうがよいと思う。それが、後手後手に回っているコロナウイルスの感染対策のスピードアップにつながるし、何より安倍総理が標榜《ひょうぼう》する真の意味での官邸主導につながるからだ。

ただ、困窮世帯対象の30万円給付を国民一律10万円とシンプル化したにもかかわらず、実際の支給は遅々として進まなかった。一律10万円の定額給付金の支給方法として、麻生《あそう》政権の定額給付金のときと同様に、住民基本台帳をベースに申請書を世帯ごとに送り、その申請書を市役所に郵送して審査を受ける方式を採ったためだった。

私は、すべての郵便貯金の個人口座に一律10万円を振り込む方法がよいと言い続けた。それだと瞬時に実行できるし、いま郵貯口座は1億2000万口座もあるから、国民の大部分をカバーしている。本人確認もすでに行われている。口座を持たない人は、いまから作ればよい。ネットでも口座は作れるから、窓口がパニックになる心配もほとんどないのだ。

しかし、郵便貯金口座の活用案は、検討対象にもならず、結局10万円給付は、「特別定額給付金」と名付けられ、2009年の定額給付金のときと同じ手順で給付されることになった。その結果、大都市を中心に、とてつもなく給付が遅れる事態を招いてしまった。たとえば、名古屋《なごや》市では113万5000世帯のうち、7月8日現在で振り込みが終わったのは約47万3000世帯と、給付率は41・7%にとどまったのだ。

■40年間変わらない役所の流儀

なぜ日本の役所は、そんなに仕事が遅いのか。私には一つの仮説がある。それは、役所が40年前と同じような流儀で仕事を続けているのではないかということだ。

もう40年も前のことだから、書いても構わないだろう。私は、１９８０年に大学を卒業して、日本専売公社（現・日本たばこ産業株式会社）に入社した。一応、名前こそ公社にはなっていたが、その実態は、前身である大蔵省専売局のときのままだった。つまり完全な役所だったのだ。だから、予算制度の下で、事業は動いていた。大蔵省（現・財務省）に予算要求をして、すべての支出は、認められた予算のなかでしか、実行できなかった。

工場での新入社員研修が終わって、私が配属されたのは、本社の管理調整本部主計課という部署だった。大蔵省に予算を要求し、獲得した予算を工場や支社に分配する部署だ。勤務は連日深夜に及んだ。毎日、大蔵省から許可をもらわないと誰一人帰れないという制約もあったが、作業も膨大だった。たとえば、私は試験研究費の予算を担当した。総額で20億円くらいだったと思う。研究開発のための予算だから、本当はどんな経費がかかるか分からない。新しい発見があれば、そこに研究予算を注ぎ込むのだから、1年も前に何をやるのかなんて分からないのだ。ところが、予算要求では、一つ一つ架空の実験装置の図面を引き、その装置のボルト1本、ローラー1本から積算して予算要求額を算定していた。そうした予算要求の資料は、積み上げると、高さが1m以上に及んだ。

もちろん大蔵官僚は、そんな細かい資料など見ない。ただ稀《まれ》に、突然「この装置はなんだ」と聞いてくるので、しっかり説明できるように準備をしておく必要があった。もちろん、大蔵省が予算を決める際には、物価上昇率などを参考に前年比何％増という形で予算総額が決まる。大蔵省がどの経費をどれだけ削減したのかという中身は、大蔵省が決めた総額に合わせる形で、「自主査定」と言って、予算を要求する側、つまり専売公社側が作っていた。

しかし、大蔵省の査定で毎年12月20日頃に発表される大蔵原案（現財務省原案）が決まるわけではない。その10日ほど前に大蔵省から「内々示」というものが来る。これが本当の最終予算だ。その内々示から、10日程度の間に、内々示から一定の金額を減額したものを予算要求する側が作って、それが大蔵原案として発表されるのだ。なぜ、減額をするのかというと、復活折衝の財源を確保するためだ。大蔵原案が示された後、局長クラスで復活を協議する事務折衝や政治家が登場する大臣折衝が行われ、族議員などの活躍のおかげで、大蔵省が否認した予算が復活したという形式にするのだ。もちろん、その復活折衝は、ほとんどが茶番劇だ。内々示で、最終予算は、決まっているからだ。

予算要求をする側は、ここで族議員の何々先生が大蔵省に乗り込んできて、いくら復活予算を勝ち取るといったシナリオをきちんと組んでいかないといけない。だから、膨大な手間と時間がかかるのだ。

民主党、社民党、国民新党による三党連立政権となった２０１０年度予算では、復活折衝が行われることなく政府案が決定された。藤井《ふじい》裕久《ひろひさ》財務大臣は、「復活折衝はセレモニーである」と改革の意義を強調した。藤井氏は大蔵省主計局の出身だから、復活折衝の意味のなさを十分知っていたのだ。私は、直近の予算折衝で何が起きているのかを知らないが、復活折衝が再び行われるようになっている状況をみると、おそらく40年前と同じようなことが続けられているのだろう。

経験談に戻ると、政府案が決まってからも、予算担当者の作業は続いていく。主計課の課員全員がそろばんや電卓持参で大蔵省に呼び出される。「総突合」を行うためだ。大蔵省の主査（課長補佐）が、予算書の数字を次々に読み上げる。そして、主査が「では」と言った直後に、課員全員が口を揃えて合計額を読み上げる。1人でも違う数字を言ったら、逆鱗《げきりん》に触れるから、とてつもない緊張感だった。そして、すべて数字の整合性が確認されたら、予算書を印刷に回す。作業は、それでは終わらない。印刷業者から上がってきた予算書を逆さまにして、数字のところに定規を当てて、「,」のひげが出ているかどうか一つ一つチェックするのだ。たとえば、「1,000円」というのが誤植で「1.000円」となっていると、1円になってしまうというのだ。前後関係をみれば、誤植であることは明らかなのだが、ひげの欠け一つも絶対に許されない。役人は、完全無欠でなければならないからだ。なぜ、こんな思い出話を書いているのかというと、こうした無駄な作業がいまでも延々と続けられている可能性が高く、それがコロナ対策の遅れにつながったと思われるからだ。

第1次補正予算に盛り込まれた国民一律10万円の定額給付金は、当初、困窮世帯への30万円給付として、予算が閣議決定された。しかし、あまりに複雑な仕組みと対象者が少ないことへの国民の不満が噴出して、4月16日に安倍総理は、困窮世帯への30万円給付を撤回し、国民一律10万円給付に向けて補正予算を組み替えるよう政府に指示した。これで補正予算の審議が1週間以上遅れた。国会で審議する予算書を刷り直さないといけないというのが、その理由だった。

結局、当初の第1次補正予算が閣議決定されたのは、4月7日だったが、組み替え後の補正予算が閣議決定されたのは4月20日、そして国会に予算書が提出されたのは4月27日と閣議決定から20日間もかかっている。そして、その3日後の4月30日に予算が成立した。アメリカが13万円の給付を決定してから、1カ月も遅れてしまったのだ。

予算書は、全体で1000ページ以上に及んだという。しかし、そんなものをわざわざ印刷する必要があるのだろうか。変更前の予算書を使って、正誤表を添付するとか、あるいは数ページの予算概要を使って国会審議をすればよいのだが、そんなことは話題にものぼらなかった。

ある閣僚経験者は、「予算委員会の審議で予算書をみている国会議員なんて、どこにもいない」と私に語った。実際に予算委員会の国会中継で、予算書を開いて質疑をしている国会議員を私はみたことがない。官僚のくだらない完璧《かんぺき》主義が貴重な時間を奪ったのだ。

そして、予算成立の遅れに加えて、時間を奪ったのは、申請主義だった。アメリカの定額給付は、国税のシステムを使って、政府が勝手に振り込んだのに対して、特別定額給付金は、国民の申請に基づいて、政府が給付するという形になった。公的年金もそうだが、日本では政府から給付を受けるためには、まず国民が申請を出して、その妥当性を政府や自治体が審査するという形式を採っている。役人は、どこまでも上から目線なのだ。しかも、完璧主義の役人がミスのないように厳格な審査をするので、どんどん時間が浪費されていく。

日本ではマイナンバーと銀行口座がリンクしていないのだから、仕方がないと思われるかもしれない。しかし、そんなことはない。先に述べたように郵便貯金口座の残高を一律プラス10万円で書き換えてしまえば、給付は1日で終わるのだ。

もちろんこの方法には批判がある。一つは、郵便貯金口座を持っていない国民が後回しになるということだ。ただ、口座を持っていない人は口座を新規に開設すればよい。郵便貯金口座はネットでも作れるから、郵便局がパニックになって、「密」が生まれる可能性は低いだろう。もう一つの問題は、複数口座の問題だ。いまでこそ禁止されているが、昔に郵便貯金口座を作った人のなかには複数口座を持っている人がある程度いる。その人たちが、二重、三重の給付を受けてしまう可能性があるのだ。ただ、二重払いは、後で返してもらえばよい。また、ゆうちょ銀行も、名寄せはしているだろうから、複数口座による二重、三重の受給というのは、それほど多くならないかもしれない。

しかし、大胆でざっくりだけれども、スピードの速い対策というのは、官僚が好まない。

彼らは、完璧主義者だからだ。

■完璧主義者の弊害――アベノマスク

完璧主義の弊害をもう一つ挙げておこう。アベノマスクだ。安倍総理がアベノマスクを全国すべての世帯に配布することを表明したのは、４月１日のことだった。しかしアベノマスクはなかなか届かない。菅義偉《すがよしひで》官房長官は６月12日の記者会見で、アベノマスクの配布について、６月12日までに96％を配布し、６月15日までにおおむね配布完了となる見込みであることを明らかにした。安倍総理の表明から２カ月半の時間を要したことになる。

遅れの最大の原因は、アベノマスクから不良品が発見されたことだ。そこで国内で再度検品を行うことになり、その作業を延々と行っていたのだ。しかし、マスク不足は一刻を争う状況だった。だから、とりあえず配ってしまって、後から返品・交換を受け付ければよかったのだ。しかし、官僚はそうしない。彼らは完璧主義で、国民の困窮よりも、自分たちのプライドを優先してしまうのだ。その結果、アベノマスクが多くの世帯に届いた時点では、すでにアベノマスクよりもずっと品質のよいマスクが、いくらでも買えるようになっていたのだ。

つまり、役人の完璧主義というのは、間違えを犯さないという意味での完璧主義ではない。役人は間違えないから、どんなに事情が変わっても、一度決めたことはそう簡単には変えないという意味での完璧主義だ。そのことを明確に示す事件が起きた。

2020年7月27日の朝日新聞デジタルが、「アベノマスクが今後追加で介護施設などに8000万枚配布される」と報じたのだ。しかも、全戸向けの配布が完了した2日後の6月22日にも、伊藤忠商事など9業者に5800万枚を発注していたというのだ。8月末までに納入される予定だという。

安倍政権が行った新型コロナ対策のなかで、アベノマスクは最も悪評高いものだ。布製で感染防止効果が劣るだけでなく、サイズが小さすぎて鼻が出てしまうからだ。閣僚のなかでも、アベノマスクを使い続けたのは安倍総理だけだ。しかも、ドラッグストアやスーパーなど、どこでもマスクが手に入る状況になっていた6月下旬に発注をかけたのだから、どうかしているとしか思えない。

国民からの猛烈な非難にさらされた厚生労働省は、アベノマスクの追加配布について、7月30日に「中止も含めて再検討」すると言わざるを得なくなった。そして、8月1日には、安倍総理自身も使い続けてきたアベノマスクを外し、大型の布製マスクに切り替えたのだった。

■無期限の消費税凍結

話を消費税減税に戻そう。新型コロナウイルスの感染拡大に伴う経済失速に関して、安倍総理は、2020年3月17日の自民党両院議員総会で「厳しい状況の経済をV字回復させるため、思い切った強大な経済政策を大胆に練り上げていこうではないか」と声をあげた。そして、第2次補正予算の編成を明らかにした5月25日の会見では、「第1次補正と合わせて事業規模は200兆円を超える」として、「GDPの4割にのぼる空前絶後の規模で、世界最大の対策により100年に一度の危機から日本経済を守り抜く」と強調した。しかし、事業規模200兆円というのは上げ底で、第1次と第2次を合わせた補正予算額は57兆円で、そのうち10兆円は予備費だから、日本のコロナ対策予算はGDPの1割にも達しない規模なのだ。アメリカは追加予算を含めると3兆ドルで、GDPの15%を超えている。

もし、日本がアメリカ並みの予算でコロナ対策を打つのであれば、地方消費税を含む消費税全体の税収は28兆円だから、消費税を1年間ゼロにする政策は十分に可能だった。ところが、消費税減税の話は一切出てこない。そもそも政府や御用学者たちは、消費税減税に否定的だからだ。消費税は社会保障財源であり、税率変更には手間も時間もかかるというのが彼らの主張だ。また、消費税をゼロにしたら、税率を10％に戻すときに、再び深刻な消費減に見舞われると、御用学者は言う。その点は正しいが、だったら無期限に消費税率をゼロにすればよいのだ。

実は、消費税減税に財源など要らない。赤字国債を増発すればよいだけの話だからだ。増発された国債を日銀が買ってしまえば、財政負担はない。政府は日銀に国債の金利を支払わなければならないが、支払った金利は国庫納付金として政府に戻ってくる。つまり、日銀が国債を買った瞬間に、「通貨発行益」が生まれて、その借金は消えてなくなるのだ。

通貨発行益の活用は、過去も行われてきた。明治維新のときには太政官札《だじょうかんさつ》という政府紙幣を発行して改革の経費を賄ったし、太平洋戦争の戦費の大部分は、国債を日銀に引き受けさせて調達した。

もちろん、通貨発行益の活用はやりすぎるとインフレを招く。実際、太平洋戦争のあとは、激しいインフレが日本経済を襲った。

しかし、いまはデフレだ。政府や日銀が目標としている消費者物価上昇率２％に、実際の物価はまったく追い付いていない。だから、通貨発行益を活用しても、何の問題も発生しないのだ。

実際の数字をみてみよう。安倍政権が発足した２０１２年末の日銀の国債保有は、１１４兆円だった。それが６年後の２０１８年末には４６８兆円に達している。１年当たり59兆円の国債保有増があったことになる、言い方を変えると、毎年、平均で59兆円もの通貨発行益が生み出され続けたことになる。その結果、物価は徐々に上昇するようになり、２０１８年の消費者物価指数（生鮮食料品を除く総合）は、前年比０・９％の上昇と、目標の２％の半分まで回復した。ところが２０１９年、日銀は国債の買い入れを大幅に減らした。２０１９年の日銀の国債保有増は、14兆円にとどまった。その結果、消費者物価上昇率も０・６％に下がってしまったのだ。さらに直近の２０２０年６月の消費者物価上昇率（生鮮食料品を除く）は、０・０％となっている。ただし、ここには消費税増税分が含まれている。消費税増税で、消費者物価には０・５％の上昇圧力がかかっているから、本当の消費者物価上昇率は、マイナス０・５％ということになる。デフレ脱却どころか、デフレに戻ってしまっているのだ。だからインフレを心配する必要などまったくないのだ。

■いまこそ財政の議論を

ところが、財務省は消費税減税どころか、増税の構えさえ見せ始めている。コロナ禍が一向に収まらないなか、7月2日に、財務省の財政制度等審議会が、会長談話を発表した。榊原定征《さかきばらさだゆき》財政制度等審議会会長は、「(今年度末の)公債残高は964兆円と、1000兆円に近づいている現実もあるわけで、これから目をそらしてはいけない」と、国の借金の膨張に警鐘を鳴らした。榊原会長は、「国民の生命や経済社会を守ることは最優先」だとしながらも、歳出の拡大は「一時的なものとすることが大原則」と財政規律の維持を訴えたのだ。

当然のことだが、榊原会長は、財務省の立場を代弁している。財務省という役所は、国民の命と暮らしが危機にさらされるなかでも、歳出削減・大衆増税という緊縮路線を微動だにさせない役所なのだ。また、榊原会長は、「低金利の環境が続くことを当然視すべきではない」と国債の発行増に懸念を示した。しかし、これも現実のデータを無視した発言だ。57兆円という大規模な補正予算を組んだ後の２０２０年８月17日現在で、日本の10年国債の利回りは、０・０５４％と、ほとんどゼロだからだ。

いまは緊急事態なので、誰も負担の話をしないが、このまま放置すると、財務省は早晩、大規模な増税を要求してくるだろう。それは、東日本大震災の復興予算の前例があるからだ。

東日本大震災の復興予算は、国家財政の部分では、３つの財源で賄われることになった。第１は、国家公務員給与を７・８％削減すること、第２は法人税を10％上乗せする復興特別法人税、第３は所得税を25年間にわたって２・１％上乗せする復興特別所得税だ。

ところが、公務員給与の削減と復興特別法人税は、たった2年間で廃止され、復興特別所得税だけが、いまだに課税され続けている。なぜ公務員給与削減と法人税増税が2年間だけで廃止となったのかは謎だが、自民党政権がこの２つに後ろ向きだということは、明らかだ。

そうなると、今回、財務省は所得税の増税だけを主張してくる可能性が高い。令和2年度の所得税収は20兆円だから、57兆円の補正予算額を25年間の所得税増税で賄おうとすると、所得税を11・４％上乗せする必要が出てくる。ただ、復興特別所得税があと17年も残っているから、合わせて13・5％もの上乗せが所得税に対してなされることになる。

いま日本では所得が4000万円を超えると最高税率の45％の所得税が課せられる。もし、コロナ特別税と復興特別税の両方がかかるとすると、最高税率は実質的に51％となる。地方税の10％を加えたら61％だ。

そんなことは、大金持ちの話だから自分には関係のない話だと思わないでほしい。すべての国民の所得税額が一律に13・5％増えることになるのだ。

コロナ後の経済は、少なくとも数年間は元に戻らないとみられている。そのなかで、こんな大増税をしたら、経済は恐慌状態に陥ってしまうだろう。

だからこそ、最も重要なのは、いまから補正予算の財源をきちんと議論すべきだということだ。先に述べたように補正予算に伴って発行される赤字国債は、全額日銀が買い取る。買い取った国債を永久に日銀に持ち続けてもらえば、国民に負担は発生しない。もちろん、政府は日銀に国債の利子を支払わなければならないが、ほぼ全額が国庫納付金の形で返ってくるから、政府の負担はないのだ。

こうしたやり方は、財政ファイナンスとも呼ばれて、インフレを招く危険なやり方だという批判もなされる。しかし、先に述べたように、いまの日本は物価が下がるデフレに陥っている。インフレの懸念は微塵《みじん》もないのだ。だから政府は、「増税せず」と宣言すべきなのだ。しかし、その道のりは容易ではない。与党はおろか、野党までが、通貨発行益を理解していないからだ。

日本のリベラルは、世界の大勢とは異なり、財政緊縮を支持する人が多い。立憲民主党は、その典型だ。それがなぜなのか、私にはよく分からない。

もう1年ほど前になるが、私は立憲民主党の長妻昭《ながつまあきら》政調会長に、通貨発行益を活用して、庶民や地方や中小企業を救うべきだという提案を渾身《こんしん》の力を込めてやったことがある。ところが長妻氏の答えは「森永さんの話は、筋が通っているとは思うんだけど、そんな魔法のような話は、どうしても腑《ふ》に落ちないいんだよね」というものだった。

だから、もしかすると、国会でまずなすべきことは、通貨発行益の勉強なのかもしれない。

■経済産業省が犯した罪

ここまでは、財務省だけを悪者にしてしまったが、実は今回のコロナ対策の失敗には、もう1人重要な「犯人」がいる。それが経済産業省だ。

経済産業省は、かつて通商産業省と呼ばれ、絶大な権力を握っていた。それは、「産業政策」を握っていたからだ。産業政策＝インダストリアル・ポリシーという言葉は、かつて海外では通用しない言葉だった。自由主義経済では、経済活動を直接政府がコントロールすることなど、あり得ないからだ。しかし、1980年代までの日本では、産業は通商産業省の指揮下に置かれていた。たとえば、終戦直後に日本では、傾斜生産方式という産業政策が採られた。1946年から1949年までは、経済復興に必要な諸物資のうち石炭、鉄など、基礎素材産業の供給力回復が急務であるという観点から、それら部門に資金、人材、資材などを重点投入する産業政策が採られたのだ。その産業政策の指揮を執ったのが通商産業省だった。

その後も通産省は、1960年から10年ごとに「通商産業ビジョン」を発表し、日本の産業構造そのものを動かしていった。1960年代ビジョンでは、①国民の所得水準が増大したときに需要の伸長が大きくなる、②生産性上昇の可能性が高く、強い国際競争力を確保できるという理由で、軽工業に代わる重化学工業を産業政策の中心に据えた。続く、70年代ビジョンでは、環境に優しく、勤労者にも優しい産業として、自動車、コンピューター、情報処理、通信、ロボット、ファッションなどの知識集約型産業を重点育成の分野として選んだ。いまから50年も前に、こうした産業に着目していた経済産業省の先見性の高さは、驚くべきものだ。そして、そうした産業がすべて経済産業省の行政指導の下で発展していったから、経済産業省の威光は計り知れないほど大きくなっていた。

そのことを示すエピソードとして、これも時効だろうから書いておこうと思う。私は、1984年から1986年まで経済企画庁（現・内閣府経済社会総合研究所）に勤務していた。経済企画庁というのは、役所間の利害を調整する調整官庁だ。だから、直接の利権を持っていない。

年度末が近づいたころ、出張旅費の予算が余った。そこで、課長補佐から「ボクは鳥取に行ったことがないから、君と2人で鳥取に出張に行きたいので、準備をしてくれ」と頼まれた。ところが、年度末は役人にとって最も忙しい時期だ。平日に鳥取に行く時間的余裕はなく、行くとすれば、週末に出かけるしかなかった。当時でも、物見遊山の出張はご法度だった。しかし、週末に出かけると、企業は休んでいるから、出張の名目を作れない。そのことを課長補佐に言うと、「君は使えないね」と笑顔で言いながら、知り合いの通商産業省の役人に電話をかけた。その結果、我々が訪れる週末に、鳥取の家電メーカーの工場が稼働することになったのだ。もちろん、従業員は休日出勤だ。経済産業省は、そんなことが朝飯前でできてしまうほど、産業界に強い権限を持っていたのだ。

もう一つだけエピソードを紹介しよう。夜遅くなって、通商産業省の役人が、所管する業界の企業に電話をかけて、こう言う。「今日は仕事が立て込んで、終電までに帰れそうにないいんだよね」。すると、1時間ほどで、その会社から大きな寿司桶《すしおけ》と束になったタクシー券が届けられた。私自身の目でみた光景だ。

ところが、そんな通商産業省の威光が、1980年頃から、少しずつ衰え始めた。グローバル化と規制緩和の流れのなかで、日本の経済にも新自由主義が浸透してきたからだ。新自由主義では、民間事業への政府の介入はできるだけ小さくするというのが原則だ。だから通商産業省が行ってきた産業政策は、とんでもないということになる。通商産業省は、地盤沈下を始め、最早不要になったと言う人まで出てきたのだ。

しかし、2001年に経済産業省に改称された通商産業省は、思わぬ形で復権する。それが、安倍政権の誕生だった。安倍総理は、自民党のなかでは珍しい「反財務省」の政治家だ。それは、消費税増税を2度も延期したことからも明らかだ。

安倍政権誕生前までは、首相官邸は財務省が仕切っていた。しかし、安倍総理が反財務省であることに乗じて、経済産業省が首相官邸の実質的な支配権を掌握したのだ。その象徴が今井尚哉政務秘書官だ。今井尚哉氏は、２０１２年に就任して以降、８年近くにわたって総理秘書官を務め続けるだけでなく、２０１９年には総理大臣補佐官も兼務で任命されている。総理大臣補佐官というのは、本来、総理大臣側近の国会議員が務める仕事だ。その職務に役人の今井氏を任命したのは、今井氏の処遇を改善するためだと言われている。それくらい、安倍総理から絶大な信頼を寄せられているのだ。

しかし、長期間、権力を握り続けると、そこには必ず慢心が生まれる。本来、公僕であるはずの今井氏は、国の基本戦略を一手に掌握するようになったのだ。

明確な証拠はないのだが、「不評3点セット」と呼ばれた、アベノマスク、星野《ほしの》源《げん》氏の歌に合わせた総理の動画、そして30万円給付は、すべて今井氏の発案だとする見方が、報道関係者のなかでは、強く信じられている。私もそうだと考えている。

古賀《こが》茂明《しげあき》氏の名前を覚えているだろうか。２０１１年に『日本中枢の崩壊』という官僚機構を批判した著書がベストセラーになり、一躍メディアの寵児《ちょうじ》となった元経済産業省の官僚だ。実は、古賀氏は、私がシンクタンクで働いていたときのクライアントだった。当時から10年に１人の逸材と呼ばれていて、厳しい仕事の発注をしてきたのだが、私は古賀氏が好きだった。できないことを決して要求しないからだ。頭の悪い官僚は、実現不可能な要求をしてくるのだが、古賀氏は不可能一歩手前をいつも指示してきたのだ。そんな縁で、先日（新型コロナウイルス感染拡大前）、古賀氏と食事をする機会があったのだが、驚くことに、2019年秋に朝日放送のレギュラーが終了して、いま古賀氏にはテレビ・ラジオのレギュラーが1本もなくなってしまったのだそうだ。

古賀氏の主張は、突飛なものではない。平和主義を掲げ、利権や癒着や腐敗の根絶を主張する。国民の多くが共感することばかりだ。それなのに古賀氏がなぜ干されてしまったのか。私は、政府の痛いところを突いてしまったからだと考えている。たとえば、原発はもう要らないとか、官僚が利権をむさぼっているとか、安倍政権は独裁だといった話は、政府の逆鱗に触れてしまうのだ。

唯一の救いは、週刊誌2誌がいまでも古賀氏の連載を続けていることだ。その一つ、週刊朝日の連載で古賀氏は経済産業省に対してこんな分析をしている。

1980年代以降、経産省の産業政策は失敗続き。日本の産業は世界に遅れ、日本株式会社の先導役だった経産省には何も期待されなくなった。失業寸前の経産省は、毎年、新しい事業を立ち上げ、中身がなくても、何とか立派に見せて予算を確保する。おもてなし規格認証、プレミアムフライデーなど。クールジャパンでは巨額ファンドを作ったがほぼ全滅。

それでも毎年新事業で自転車操業。これを支えるチャラ男は今や経産省の屋台骨なのだ。だからチャラ男は出世する。そして、チャラ男を支えるのがお祭り屋の電通。企画段階からチャラ男に新事業を仕込み、その事業を請け負う。チャラ男はそのほうが面倒でないし恩も売れるから電通を重用する。

安倍総理と経産省の関係は、チャラ男と電通の関係と相似形だ。中身はなくてもやってる感で国民を欺くパフォーマンス内閣。気の利いたアイデアをでっちあげるのは、財務省では無理だ。結局、経産省内閣と言われてもチャラ男の役所に頼らざるを得ない。安倍総理や昭恵夫人もチャラ男とチャラ子。

電通、経産省、安倍政権という3チャラトリオに国を委ねた国民の悲劇はいつ終わるのだろうか。

『週刊朝日』　2020年7月3日号

この記事が評判となり、直後に古賀氏は霞が関の官僚像に関して、多くの取材を受けることになったという。そこで翌週の週刊朝日の連載でも、古賀氏は、こんな指摘をしている。

しかも、最近は、前近代的な職場環境を嫌って官僚よりも外資に優秀な人材が流れ、二流人材が役所に集まる。5〜6年働いて、箔をつけて辞めようという確信犯的チャラ男たちも増える。

一方で、今は少数派となった真面目な官僚たちは「弱い人間」だ。国民のことよりも上に媚びたほうが得だとなれば、正しい道から外れてしまうことも多い。

だからこそ、国のリーダーは、自らを強く律し、国民のために身を投げ出す覚悟を示さなければ、官僚たちを正しい道に導くことができない。

しかし、残念ながら、官僚たちは、安倍総理が非常に不真面目で「えこひいき」な人間だと見抜き、出世のためにはそこに取り入るしかないと考えている。「バカで怠慢、えこひいきのチャラ男」官僚たちが羽目を外し、この国を滅ぼす。

それを止めるには、安倍総理以外のリーダーを選ぶしかない。

『週刊朝日』　2020年7月10日号

古賀氏が週刊朝日の連載で、「チャラ男」と糾弾しているのは、後述する前田《まえだ》泰宏《やすひろ》中小企業庁長官のことだが、私はチャラ男中のチャラ男は、いまや影の総理として君臨する今井尚哉総理秘書官だと思う。

彼の思い付きとも言える政策によって、日本のコロナ対策は、めちゃくちゃになってしまったからだ。それは、章を改めて、詳しく取り上げていこう。

第4章　法令とデータに基づかない規制

■突然の大規模イベント中止と学校の一斉休校要請

財務省の緊縮政策によって十分な財政出動ができない中、安倍政権が一貫して頼ったのが、自粛を中心とした「法令とデータに基づかない規制」だった。

2020年2月29日、安倍総理が会見し、新型コロナウイルスの感染拡大を防ぐための大規模イベント中止と学校の一斉休校について国民の理解を求めた。事実上初めての大規模コロナ対策だった。専門家会議のアドバイスを受けて、総理大臣の責任として決断したと安倍総理は語ったが、専門家会議では全国一律の休校を求める意見は出ていないし、文部科学省は激しく抵抗していたから、総理の独断であることは間違いない。もちろん、その背後には今井秘書官の存在があった。

突然の学校休校で、共働き世帯は子どもをどうするのかと混乱した。特に、貧困家庭で子どもの食事を給食に頼っている場合は深刻だった。

本来であれば、感染が出ていない地域で休校にする必要性はほとんどない。ただ、それはできない相談だった。全国でどれだけ感染が広がっているのかを調べる疫学調査を政府は一切やっていなかったからだ。疫学調査ができないのは、ＰＣＲ検査体制が整っていないからだと言われたが、当時、１日当たりの検査可能数は３８００件で、実際に検査されていたのは１０００件にも満たなかったのだから、検査能力は大幅に余っていた。また韓国は１日で１万２０００件以上の検査をしていたのだから、検査ができないはずもなかった。要するに政府は現実に目を向けることをかたくなに拒んでいたのだ。

また感染拡大を防ぐために学校だけを休校にするのは、筋が悪い。保育所や学童保育は休まないのだから、そこでの集団感染のリスクは残る。また、親は満員電車に乗って通勤を続けるのだから、親が感染すれば子どもも感染してしまう。さらに、新型コロナウイルスは、子どもの感染率が低く、重症化率や致死率も低いことは分かっていた。致死率が高いのは、明らかに高齢者だ。ところが、高齢者が通うデイサービスなどの施設は、通常営業を続けた。しかも、高齢者は、風邪の症状や37・5度以上の熱が2日以上続く場合に受診しろというのが厚労省のガイドラインだった。政府には、高齢者の命を守ろうとする意志がほとんどないのだ。

一方で、子どものために仕事を休まざるを得ない労働者に対しては、支援制度を作ると総理は語った。しかし、これも雇用保険の加入者については雇用保険の資金を使うことにした。一般会計が負担するのは、雇用保険の対象になっていない労働者のみだ。しかも、フリーランスに対しては所得補償を行わない。つまり、制度を作っても、一般会計の負担はほとんどないのだ。

新型コロナウイルス対策費を1円も含まないまま、2020年度予算が成立したことを考えると、首相決断の背後に財務省がいるのは確実だ。産業界に対して休業要請を出せば、必ず休業補償の話が出てきてしまう。しかし、学校休校であれば、財政負担は非常に小さくて済む。財務省は、これだけの国難に直面して、いまだに財政出動を極力避けるというスタンスなのだ。

そのなかで、首相が効果の薄い学校休校を打ち出した最大の理由は、パフォーマンスだろう。桜を見る会や東京高検検事長の定年延長問題で総理への不信感は高まっていた。実際、2020年2月に行われた時事通信、朝日新聞、共同通信、日経新聞、産経新聞の5社の世論調査で、内閣不支持が支持を上回った。そのなかで、「子どもたちの命を守るのだ」という誰も反対のできない理由で、強いリーダーシップを発揮すれば、支持を回復できると考えたのだろう。

学校の休校であれば、経済的な被害は大きくないし、法律の改正も不要だ。コロナ対策として効果があるかという検証を抜きにして、法令に基づかない規制、自粛の第１弾が、学校休校の要請だったのだ。

２０２０年7月15日の朝日新聞は、政府がこの学校休校を決めたきっかけは、専門家会議が２０２０年2月24日に「これから1～2週間が急速な拡大に進むか、収束できるかの瀬戸際」とする見解がきっかけだったとして、以下のような分析をしている。

官邸内はかつてない緊張感に包まれた。「1～2週間」で一定の成果が求められる「瀬戸際」に、いきなり立たされたからだ。クルーズ船対応で国内外の批判を招いている状況に加え、この「瀬戸際」の対応を間違えれば、政権の致命傷になりかねない。「森友・加計学園問題を上回る事態」（官邸関係者）との認識が広がったという。

こうした中、政府の危機管理対応は、首相最側近の今井尚哉・首相補佐官が中心となって采配を振るうようになる。3日後の27日夜。政府の対策本部会合で、首相は突如、全国一律の休校要請を表明した。与党幹部への根回しはなく、政権の危機管理対応を担う菅義偉官房長官にも直前まで伝えない中での決断だった。

対策本部で正式に休校要請を発表する5時間前の同日午後1時半。首相は今井氏とともに萩生田光一文部科学相と向き合い、一斉休校についての考えを伝えた。保護者への休業補償が必要になると難色を示す萩生田氏に、首相は「こちらが責任を持つ」と引き取った。

実は全国一律の休校要請は、数日前の官邸幹部らとの会議で一度頓挫《とんざ》していた。首相は全国一律での休校要請の腹案を披露したが、25日に決定したばかりの政府の基本方針で、学校休校は都道府県が要請するとされていたため、「基本方針と違う」と菅氏が発言。別の出席者も「感染者がいない地域まで休校する必要があるのか」と述べ、首相も一度は一斉休校を見送る考えを示したという。

立ち消えになった案を再び俎上に載せたのが、事態に危機感を強めた今井氏だった。首相は、政権内の慎重論を置き去りにする形で一斉休校へと踏み切った。

一斉休校に合わせ、首相は「法律も出したい。とにかく考えてくれ」と法整備も急ぐよう指示した。即応可能なのは、新型インフルエンザ等対策特別措置法に新型コロナを追加することだけだった。官邸幹部から特措法改正を提案された首相は、うなずいて了承したという。

折しもこのころ、吉村洋文・大阪府知事や鈴木直道・北海道知事など、独自の対応を掲げる地方リーダーたちが注目を集めるようになっていた。政権内には「知事は英断。首相は後手という雰囲気」（首相側近）への警戒が広がっていた。

それまであまり前面に出てこなかった首相は「とにかくスピーディーに」と口にするようになる。そうした動きについて、官邸関係者はこんな感想をつぶやいた。「『有事の首相』をアピールしようとしている」。

突然だった一斉休校は現場に混乱をもたらしただけでなく、専門家の意見を踏まえていない政治判断だと批判を受けた。今井氏は後に周囲に「全国一律の学校休校というのは、自分が言ったものだから、総理に迷惑をかけた」と漏らした。

経済産業省で主として原子力分野を担当してきた今井秘書官は、エネルギー問題の専門家ではあるが、感染症に関しては素人だ。財政緊縮を譲らない財務省とリーダーシップをアピールしたい総理大臣の下で、素人の秘書官が法令やルールに基づかない「行政指導」による規制を行う。その後も続けられた政府の「自粛政策」の原点が、この学校休校だったのだ。

■イベント中止は正しいか

安倍総理が最初に打ち出したもう一つの新型コロナウイルス対策が大規模イベントの中止だった。安倍総理は、2020年2月26日に新型コロナウイルス感染症対策本部を開き、今後2週間については、全国的なスポーツや文化イベントの中止や延期、規模縮小をしてほしいと要請した。これは、小池百合子東京都知事が打ち出したイベント規制を追認するものだった。

小池都知事は2020年2月21日に会見し、新型コロナウイルスの感染拡大を防ぐため、東京都が主催する参加者500人以上の大規模イベントあるいは飲食の提供を伴うイベントを2020年2月22日から3月15日の3週間、延期か中止すると発表した。この決断を受けて、2月24日に2万人の参加者を見込んでいたパラリンピックスポーツの普及イベント「ビヨンド・スタジアム2020」などが中止されることになった。小池都知事は「感染拡大を防止する重要な局面だ。都民にもご理解いただきたい」と語った。当初の水際での封じ込め作戦が失敗し、市中感染が疑われる感染者が出始めたため、新たな封じ込めのための包囲網を敷こうというのだ。

私は、イベント規制という発想自体は必ずしも間違っていないと思うが、効果があるのかということについては、当初から、はなはだ疑問だった。いくらイベントを止めても、当時は電車もバスも飛行機も船も、通常運行していた。ラッシュ時の通勤電車は、濃厚接触の可能性が高い。それを放置して、イベントだけを槍玉《やりだま》にあげても感染収束は覚束《おぼつか》ない。本当に感染拡大を食い止めようとするのであれば、外出規制や一斉休業をしなければ、意味がないのだ。

しかし、イベント規制はその後も継続され、４月７日に政府の緊急事態宣言が出されると、自治体がイベント中止を要請できるようになったため、小規模のものも含めて、イベントは壊滅状態となった。

５月25日に緊急事態宣言が全面解除された後、政府は段階的なイベント再開に舵《かじ》を切った。たとえば、プロ野球は２０２０年６月から無観客で再開、コンサートや各種のイベントについても１００人程度から始め、感染状況を見ながら、１０００人、５０００人規模へと段階的に拡大していくことにしたのだ。ただ、本稿執筆の２０２０年８月下旬現在、上限５０００人までという要請は継続されており、さらに「イベントは危険」というイメージを政府が強調したおかげで、小規模のものも含めて、イベント開催はなかなか復活しないのが現実だ。

その影響は、ミュージシャンや俳優、タレントといった演者の生活を直撃している。彼らの中で、たとえばテレビでレギュラー番組を持って、それだけで生活できる人は、全体の数%だろう。大部分の人たちは、小規模のイベントや舞台で糊《こ》口《こう》をしのいでいる。その生活基盤を奪ったのが、イベント中止という政府の政策だったのだ。演者だけではない。演者を支えるイベント業者や照明、大道具、音声など、さまざまな関係スタッフも仕事を失った。一律に規制をするのではなく、たとえば演者にはPCR検査を義務付け、観客は大声を出さないといった丁寧な規制をすることで、イベントの継続はできたはずだ。

官邸の秘書官たちは、エンターテインメントの世界を下に見ているのではないだろうか。確かにエンターテインメントがなくても、国民が命を落とすことはない。しかし、多様なエンターテインメントが存在することこそが、国民の豊かさの象徴なのだ。イベントを目の敵にしたコロナ対策は、為政者の文化的貧困を図らずも証明したのではないだろうか。

■勝負に出た吉村大阪府知事

政府は、2020年3月10日に当初2週間程度としていた大規模イベントなどの自粛要請をさらに10日間継続することを決めた。1カ月近くに及ぶ自粛で、エンターテインメント産業だけでなく、飲食店の売り上げも大幅減、観光地では閑古鳥が鳴き、新幹線も飛行機もガラガラになった。「このままでは干上がってしまう」という悲痛な叫び声があちこちから上がった。

その中で、大阪府の吉村洋文知事が立ち上がった。原則中止か延期としてきた大阪府主催イベントを2020年3月21日から再開することを決めたのだ。①室内の定期的な換気、②参加者間の距離を1～2m程度空ける、③近距離での会話や発声を避けるという3条件をつけたが、国が自粛要請を再度延長しても、イベントを再開すると決意を表明した。

吉村知事は、感染の実態が十分分かっていないことを認めたうえで、「活動を抑え込み続けたら社会経済が死んでしまう。リスクを避けながら徐々に戻していくべき」と語った。

吉村知事が批判を受けるのは、確実だ。公演を再開した宝塚歌劇団に世間からの批判が殺到して、再び休止に追い込まれた実績があるからだ。

だが、結果的に吉村知事のイベント再開への挑戦は、空振りに終わった。感染拡大を受けて、3月20日に開催された大阪府新型コロナウイルス対策本部会議で、3月21日以降の府主催（共催）のイベントの延期・中止を4月3日まで継続することが決定されたからだ。さらに4月4日以降の府主催（共催）イベントの延期・中止は、5月6日まで継続されることになった。

こうした「勇み足」によって、吉村知事が府民からの支持を失うのではないかと私は危惧《きぐ》していた。ところが、現実に起きた事態は、真逆だった。

私は、ずっと不思議に思っていたことがある。それは、テレビの仕事で大阪に出かけると、普段お上の言うことを聞かない大阪の人たちが、吉村知事の自粛要請を東京よりきちんと守っていることだ。その理由は、情報公開に対する姿勢とデータに基づく明確な基準にあるのだと思う。

たとえば、吉村知事は、3月19日に大阪と兵庫間の往来自粛を求めたとき、厚生労働省が作成した非公開前提の「大阪府・兵庫県における緊急対策の提案」という文書を公開した。自粛の根拠を明確化したのだ。情報公開の姿勢は、その後も続いており、5月5日には、先にも述べたように、全国に先駆けて「大阪モデル」と呼ぶ独自の出口戦略を決めた。①新規の感染経路不明者数10人未満、②PCR検査陽性率7%未満、③重症者向け病床使用率6割未満という3つの基準を7日間連続で下回れば、段階的に自粛要請を解除するとしたのだ。実際、3つの判断基準は5月14日に7日連続で満たされたため、通天閣《つうてんかく》のライトアップが緑色へと変更された。これを機に、大阪府は段階的自粛解除に舵を切り、6月1日にスポーツクラブなどへの休業要請を解除して、4月14日に始まった府の休業要請は、1カ月半ぶりに全面解除されたのだ。

また、吉村知事は、感染の再拡大に備えて、警戒を呼びかける基準として、感染経路不明者の対前週増加比が2倍以上かつ感染経路不明者10人以上、あるいは新規感染者120人以上かつ後半3日間で半数以上と大阪モデルのなかで予《あらかじ》め決めた。そして、重症病床の使用率が70%を超えた場合は、府民に非常事態を宣言するとして、判断基準となる基礎データを毎日ホームページで公開することにしたのだ。

実際、感染者数が再拡大した7月12日には、直近7日間の新規感染者が120人を超えるなどしたため、「大阪モデル」に基づいて警戒を呼びかける『黄色信号』として、通天閣を黄色にライトアップしたのだ。

自粛の要請も解除も、事前に定めた数値基準に基づいて、ルール通りにやる。そのために情報を府民と共有する。それが吉村知事のやり方だ。

一方、東京都の小池百合子知事は、5月22日に「東京ロードマップ」を発表した。それによると、休業要請の緩和は、①新規感染者数1日20人未満、②感染経路不明率50％未満、③週間感染者数減少という3条件クリアしたうえで、④重症患者数、⑤入院患者数、⑥PCR検査陽性率、⑦受診相談件数を加味して、緩和を総合判断するという。

また東京ロードマップでも、外出自粛や休業の再要請の目安として、①新規感染者数1日50人以上、②感染経路不明率50％以上、③週間感染者数前週比2倍以上と決めていた。

判断の視点は大阪モデルとよく似ているが、決定的な違いは、大阪が具体的に数値目標を掲げて誰でも分かるようにしているのに対して、東京の数値基準はあくまでも目安で、自粛やその解除は、「総合判断」だということだ。さらに、基礎データも、大阪がすべての数値を毎日公表にしているのに対して、東京は都の対策サイトで、民間を含むPCR検査の実施人数や重症患者向けの病床使用率を長い間公表してこなかった。つまり、東京は大阪に比べて情報公開の程度が大きく見劣りするのだ。

小池東京都知事は、3つの数値基準が満たされたとして、6月11日に東京アラートを解除することを決め、同時に東京ロードマップも、翌12日からステップ３に移行すると発表した。これによって、カラオケ、パチンコ店、ネットカフェ、遊園地、接待を伴わないバーやスナックなど、幅広い業種の休業要請が解除された。また、居酒屋など、飲食店の営業も午前０時まで可能となった。さらに、６月19日からは、接待を伴う飲食店やライブハウスの休業要請が解除されたほか、飲食店の営業時間制限も解除され、休業要請は事実上の全面解除となった。大阪の全面解除から11日遅れのことだった。

しかし、東京の新規感染者数は６月11日22人、12日は25人、13日は24人と、全国の新規感染者が収束の気配をみせるなかで、東京だけが解除基準を上回る高水準を続けていった。数値基準の新規感染者数は直近１週間の平均で判断するとされたが、それでも解除の３日後の６月14日には23・０人と解除基準を超えてしまった。さらに６月29日には、51・９人と、自粛・休業再要請の基準を満たしたのだ。ちなみに同じく再要請基準である「感染経路不明率50％以上」は６月28日に達成され、「週間感染者数前週比２倍」も６月20日には1・98倍とほぼ達成された。確かに３指標が同時に自粛・再要請基準を満たす日はなかったが、基調としては、３指標ともに基準を満たしたのだから、少なくとも６月中には、東京都は自粛・休業の再要請をしなければならなかったのだ。だが、小池百合子都知事は６

月30日に、あろうことか東京アラートを廃止してしまった。表向きは、「新たに感染状況と医療提供体制に着目した7項目で新型コロナウイルス感染症の感染の拡大を監視する形に移行する」というのが理由だったが、7月5日には東京都知事選挙が控えていた。

東京都は、全国で唯一、4月と5月に休業要請に協力する企業に対して1カ月当たり50万円の休業協力金を出していた。東京都の財政は豊かで、自治体の貯金にあたる財政調整基金を年度当初で9345億円も持っていた。ところが、新型コロナウイルス対策に次々に資金を投入し、5月19日に決めた補正予算までで95%を取り崩し、残高が500億円になってしまったのだ。休業補償を伴わない再自粛要請を出したら都知事選は戦えないというのが、小池都知事の本音だったのではないか。

結果論だが、この時の小池都知事の「再自粛はしない」という判断が、7月以降の東京の感染爆発を招き、それが千葉・埼玉・神奈川に広がり、さらに全国に飛び火して、第2波を招いてしまったのだ。新型コロナウイルス感染で、世界の中で第1波よりはるかに大きな第2波を招いているのは、現時点（2020年9月上旬）では日本だけだ。その意味で、この判断ミスの罪は重いと言わざるを得ないのだ。

第5章　どさくさ紛れに利権をむさぼる

■もう1つの目玉政策、持続化給付金

第1次補正予算で、特別定額給付金と並んで政府の新型コロナウイルス対策の目玉となったのが、持続化給付金だった。持続化給付金というのは、新型コロナウイルスの影響を受けて、12月までの任意の1カ月の事業収入が、前年同月の半分以下になった中小事業者に対して給付される給付金だ。

給付額は、以下のように計算される。

給付額＝前年の年間事業収入－任意の対象月の月間事業収入×12

※ただし、給付額の上限は、中小企業が200万円、個人事業主が100万円

簡単に言うと、1カ月でも売り上げが半減以下になった中小企業は、その売上減の12倍を、上限200万円まで、政府が補塡《ほてん》しましょうという制度だ。

上限金額が低いことや一度きりの支給だったという問題があることは別にして、中小・

零細企業を破綻《はたん》から救うためには、効果の大きい思い切った対策だったと言えるだろう。

ただ、最大の問題は、給付に関わる審査や事務作業を所管する経済産業省が丸投げしてしまったことだ。第1次補正予算の持続化給付金事業予算は2兆3176億円で、審査や事務などの給付事業は、一般社団法人サービスデザイン推進協議会に769億円で委託された。審査と言っても、判断基準は極めてシンプルで、そんなに難しい仕事ではない。それに769億円もの費用がなぜかかるのか謎だが、国会やメディアが問題にしたのは、委託額の97％にあたる749億円で事業が電通に再委託されたことだった。そこで20億円もの金額が中抜きされたことを問題にしたのだ。

もちろん、そのことも問題だが、より本質的な問題は、サービスデザイン推進協議会の正体だ。協議会は、電通、パソナ、トランスコスモスの重役が代表理事に名を連ね、電通が主導して設立したと言われている。しかも、オフィスには常勤社員が見あたらないから、事業の運営実態があるのかどうかさえ疑わしい。さらに、電通は広告やイベント事業を行う会社で、そもそも給付金の審査や給付作業を行うような地道なビジネスをする会社ではないのだ。実際、実務は電通からパソナなどに再々委託されている。つまり、サービスデザイン推進協議会も、電通も事実上トンネル会社だったということなのだ。

また、実務作業の委託先を決める入札では、世界的な大手監査法人系のアドバイザリーファームである「デロイトトーマツファイナンシャルアドバイザリー」との一騎打ちとなった。報道では、デロイトトーマツファイナンシャルアドバイザリーのほうが、評価が高く、価格も安かった。ところが、なぜかサービスデザイン推進協議会が落札している。

かつての官僚の手口だったら、経済産業省からサービスデザイン推進協議会や電通に天下りをして、甘い汁を吸うということをやったのだが、いまは天下りに厳しい監視がなされているため、そんな単純なことはしない。問題は、電通やパソナといった経済産業省の仲良し企業が事業を受託しているということだ。つまり、短期的な利益を取るのではなく、中長期の視点から、とりあえず貸しを作っておくのだ。

ただ、露骨な癒着はなくても、今回は、癒着の一端が垣間《かいま》見《み》えた。給付金事業の責任者である前田泰宏中小企業庁長官が、電通出身で、サービスデザイン推進協議会の理事を務める平川健司《ひらかわけんじ》氏と親交があったことが明らかになったのだ。前田長官は、米テキサス州で開かれた「サウス・バイ・サウス・ウエスト」のイベントを視察するために出張した際、「前田ハウス」と称した借り上げ住宅宿舎で、夜な夜なパーティーを開き、平川氏はそこに参加していたのだ。この件は、国会でも政府が追及を受けることになったが、なぜか

「国家公務員倫理法違反の事実はない」として、お咎《とが》めなしになった。

経済産業省とお友だち企業との疑惑は、まだある。2020年6月15日の『デイリー新潮』（持続化給付金疑惑「パソナ」の〝酒池肉林〟迎賓館　接待を受けた大物政治家たちの名）がパソナと経済産業省の関係性について報じている。2014年9月7日に行われた、松《まつ》本洋平《もとようへい》現経済産業副大臣代議士の結婚披露宴だ。


パソナグループは67社の連結子会社を擁し、3千億円超の売上高（連結）を誇る人材派遣の大手。その代表が披露宴に招待されたのにはワケがある。

「新婦がパソナの元社員だったんです。南部さんは新婦側の主賓として祝辞を述べています」（出席者）。

内助の功も手伝ってか、昨年9月に〝新郎〟は経産副大臣に就任した。

だが、ここで気になる点がひとつ——。

それは松本氏が副大臣を務める〝経産省〟と〝パソナ〟の関係だ。

目下、経産省を巡っては、〝持続化給付金〟にまつわる疑惑が浮上している。

概説すると、まず、経産省の外局に当たる中小企業庁が、持続化給付金事業を

769億円で「一般社団法人サービスデザイン推進協議会」に委託。しかし、この協議会は〝トンネル会社〟で、電通が事業を再委託された際、約20億円を〝中抜きしていた〟と野党は追及を強めている。

実は、協議会の理事には元電通社員だけでなく、パソナの関係者も名を連ねる。そして、電通からその子会社へと振り分けられた業務は、最終的にパソナにも外注されていたのだ。

この問題を国会で質した立憲民主党の川内博史代議士はこう指摘する。

「社団法人を通じて電通をはじめとする一部の企業が税金を食い物にしていたわけです。持続化給付金事業に限らず、経産省の事業ではそうしたビジネスモデルが出来上がっています」

南部代表の実像に迫った『日本を壊す政商』の著者でノンフィクション作家の森功氏が言葉を継ぐには、

「かつて公共事業の〝丸投げ〟の対象は独立行政法人でしたが、天下りの温床と批判されたことで新たな隠れ蓑が必要になった。その結果、役所主導で作られる社団法人が急増したのです。本来は官から民に直接発注して、クリアな競争入札をすればいい。

ただ、そうすると、いつも同じ顔触れが受注していることが分かってしまう。そこで批判をかわすためにトンネル会社を設けている。利権が官から民に移っただけで実態は何も変わりません」

実は、この大きな流れを主導したのが、あの竹中平蔵元経済財政担当大臣。小泉政権下で〝聖域なき構造改革〟の美名のもと、グローバリズムを礼賛し、日本を弱肉強食の市場原理主義に誘導した人物だ。その竹中氏が南部氏に招聘され、渦中のパソナグループ会長の座にいるというのだから、まさに役者は揃っている。

実は、持続化給付金については、第1次補正予算の2兆3176億円に加えて、第2次補正予算でも1兆9400億円の追加予算が認められた。このうち850億円分が事務委託費となるが、経済産業省は、委託先を選ぶ競争入札の審査内容を公表しなかった。経済産業省は、7月30日に給付金の審査業務では応札した2社のうち1社が落札したが、振込業務では応札した1社が要求基準を満たさず落札者なしとなったとの結果を発表した。そして、8月14日になってようやく、振り込み業務、審査業務ともに、1次補正予算分で落選したデロイトトーマツファイナンシャルアドバイザリーと契約したことと発表したのだ。

契約金額は４２７億円だった。ちなみにサービスデザイン推進協議会は、応募もしなかった。すでに業務を受託している協議会が、入札に参加しないということ自体に、私は闇を感じてしまうのだ。

■ポイント還元事業でも構造は同じ

政府は、２０１９年10月からの消費税増税の景気対策として、キャッシュレスポイント還元制度を２０２０年６月まで行った。クレジットカードや電子マネー、ＱＲコード決済といったキャッシュレスで支払った場合、中小事業者は５％、コンビニなどのチェーン店は２％を、ポイント還元するという制度だった。消費税増税対策に乗じて、経済産業省が掲げるキャッシュレス化を一気に進めようという目論見《もくろみ》だった。

予算ベースでは、この制度によって消費者に５７４４億円が還元されるのだが、その他に決済手数料の補助が８１３億円、決済端末の導入費補助に２０１億円、広報・システム改修費などに９９６億円が投じられ、総事業費は７７５３億円となっていた。

ところが、２０２０年６月29日の朝日新聞によると、政府は事務作業を「一般社団法人キャッシュレス推進協議会」に19年度約１９０億円、20年度約１４９億円で委託した。だが協議会は、19年度はその98％にあたる１８６億円で業務の大半を電通など3社に再委託した。朝日新聞は、「法律で義務付けられた決算公告もしておらず、新型コロナ対策の『持続化給付金』に絡む電通などの『中抜き』問題と同じ構図だったことが分かっている」と断じている。

キャッシュレス推進協議会のホームページをみると、この団体に経済産業省から天下りをしている役員はいないようだが、この団体はあくまでも経済産業省が主導して作った団体なので、当然そこに経済産業省の利権が生まれるのだ。

シンクタンクに勤めていたとき、私はある中央官庁の事務次官からこんな話を聞いたことがある。次官の最も重要な仕事は、１本でも多くの法律を成立させることだというのだ。法律ができれば、そこに許認可権が生まれ、そしてそれを取り仕切る団体を設置することができる。そうなれば、そこに天下りもできるし、利権も生まれるというのだ。今回、官僚たちは、新型コロナウイルスという戦後最大の惨禍のなかでも、忠実に利権の論理で動いたのではないだろうか。

■官僚の上から目線

官僚組織に関して、私がもう一つ気になっていることは、最近の官僚が「お高い」ところに居座って、自ら汗をかかなくなっていることだ。私が、1984年から1986年に経済企画庁で働いていたときは、官僚は皆「日本の未来を背負っているのは自分たちだ」と考え、普段からずっと天下国家を語っていた。私も年に200日は、終電がなくなるまで働いた。残業代は1円も出なかったが、責任感に突き動かされて、働いていたのだ。

持続化給付金の審査・給付作業も、民間に丸投げするのではなく、役人自身がやればよかったと私は考えている。もちろん、経済産業省の地方組織である経済産業局の2020年度の予算定員は1886人で、その人員だけで実務を担うのは難しいかもしれない。しかし、国税庁の定員は5万5953人だ。公共職業安定所（ハローワーク）も2019年で2万6525人が働いている。そうした人たちを総動員すれば、審査・給付作業は十分できただろう。役人がやれば、コストは大幅に下がるし、不正利用の防止にも役立つ。

もちろん、そうしたら、官僚は膨大な残業時間を強いられる。しかし、国家の存亡がかかる緊急事態なのだから、そんなことは言っていられない。かつては、皆がやっていたバリバリ働くという仕事のスタイルに一時的に戻すだけなのだから、決して不可能な話ではないのだ。

にもかかわらず官僚は、自分たちは、きれいなオフィスで、汗をかかず、思いのままに指令を出すという殿様のような仕事のスタイルをとってしまっているのだ。

そのことを象徴する事件があった。

過去に高額な返礼品を提供したことを理由にふるさと納税の制度から除外することは、地方自治法に違反しているとして、泉佐野市《いずみさの》が国に対して決定の取り消しを求めた裁判で、大阪高裁は２０２０年１月30日に泉佐野市の請求を棄却する判決を言い渡した。

泉佐野市が18年度に獲得したふるさと納税の税収は４９７億円と、ふるさと納税全体の１割近くに達し、圧倒的トップだった。地元産にこだわらない豊富な品揃えの返礼品と返礼率の高さで人気を集めたからだ。

そうしたやり方は制度の趣旨に反するので中止せよという総務省の行政指導に泉佐野市が従わなかったため、政府は地方税法を改正し、２０１９年６月以降は、①返礼品の調達額を寄付の３割以下にすること、②地元産品を提供することという条件を明示し、このルールを守る自治体のみをふるさと納税制度の対象とすることにした。泉佐野市も、新制度の下では、ルールに従う方針を表明していた。

ところが、総務省は泉佐野市を新制度の対象として認めなかった。過去の行状を理由に制度から外すという「後出しじゃんけん」のようなやり方は違法だと泉佐野市は訴えていたのだが、大阪高裁はそれを認めなかったのだ。

そもそも税制というのは、抜け穴探しとそれを塞《ふさ》ごうとする当局のイタチごっこの世界だ。たとえば、ビールでは、1994年にサントリーが「ホップス」をヒットさせ、発泡酒のブームを巻き起こした。財務省は、2003年に発泡酒の税率を引き上げて対抗した。そこでビールメーカーは、「第三のビール」を開発して、増税回避に動いた。それに対して、財務省は2023年に第三のビールのカテゴリーを廃止して、発泡酒に統合する方針だ。

さらに2014年にはサッポロが発売した極ZEROに対して国税当局が、第三のビールに当たらないとして、酒税の追徴処分に出た。これに対してサッポロは、追徴分をいったん納税したうえで、最高裁で処分不当を訴えて係争中だ。構図としては、泉佐野市と非常によく似ているのだ。

ただ、決定的な違いは、財務省は、発泡酒ブームを作り出したサントリーや税逃れを指摘したサッポロから、酒造免許を取り上げるようなことはしていないということだ。それどころか、税制の抜け穴を防ぐための増税変更などの制度改正は、ビールメーカーが必要な対策を取れるように、十分な期間をおいて実施している。

それに対して総務省は、泉佐野市に法律違反がなかったにもかかわらず、ふるさと納税による税収獲得の途《みち》を無期限で閉ざした。それは、自分たちの言うことを聞かない泉佐野市が無礼だから、制度の対象から外してしまおうということだ。これは、江戸時代の武士に認められていた「無礼な行動をした者は斬り殺して構わない」という「斬り捨て御免」の制度と同じだ。ところが、大阪高裁は、「総務大臣には広い裁量がある」として、総務省の行動を認めてしまったのだ。

私自身も、泉佐野市はやりすぎたと思っている。ただ、それは総務省の作ったルールに穴があったからだ。その穴を突いた自治体を制度の対象から外し、全面降伏しない限り、仲間外れにするというのは、「法治国家」の否定だ。

そのことを、最高裁は認めた。訴訟の上告審判決で、最高裁は、全面的に泉佐野市の主張を認め、同市の逆転勝訴が確定したのだ。

最高裁も、泉佐野市の行動を「社会通念上節度を欠いていたと評価されてもやむを得ない」と非難した。しかし、「規制施行前における泉佐野市の返礼品の提供の態様をもって、施行後においても同市が同様の態様により返礼品等の提供を継続するものと推認することはできない」として、泉佐野市を制度から除外したことは、違法だとしたのだ。

この最高裁判決に対しては批判がある。総務省の行政指導に従った正直者の自治体がバカをみたことになるというものだ。その通りだが、問題の本質は、総務省が、何の法的根拠も持たない行政指導を行ったことだ。明確な法的根拠なしに、行政府が自分たちの「感性」に基づいて好き勝手に振る舞う。実は、それは今回の新型コロナウイルス対策でも、まったく同じだ。

たとえば、小池都知事は、コロナの新規感染者が3日連続で100人を超えた7月4日に「不要不急の他県への移動は避けてほしい」と都民に呼びかけた。東京由来の感染者が南関東3県に広がり、それがさらに全国へと飛び火し始めている状況を考えれば、小池都知事の判断は正しい。しかし、問題は、そこに何ら法的根拠がないことだ。

法的根拠がないから、当然、補償もなければ、罰則もない。結局、小池都知事の要請を守って都外への移動を自粛した正直者の東京都民だけが、バカをみることになったのだ。

もちろん、こうした問題は、東京都に限ったことではない。政府が2020年4月7日の緊急事態宣言を発出して以降の国民の行動規制は、すべて法的根拠のない国民への「行政指導」だ。行政指導は、法令を整備するよりも、はるかに素早く、そしてコストをかけずに実施ができる。しかし、罰則も、補償もないルールは、必ず裏切りを生む。

日本に第2波をもたらした東京の感染者爆発も、きっかけは自粛要請への裏切りだった。東京都で、接待を伴う飲食店の自粛要請が解禁されたのは6月19日のことだったが、現実にはその1週間以上前から夜の街の営業は、復活していた。そして、多くの店では、十分な感染対策が採られていなかったのだ。

■国家公務員法改正は正しいか

官僚による「どさくさ紛れの利権確保」は、事務委託費や「行政指導」だけではない。2020年5月22日に安倍総理は、検察官を含む公務員の定年を延長する国家公務員法等の改正法案について、廃案の方向で検討する考えを表明した。審議中の法案を政府自ら廃案にするのは、異例中の異例だ。

安倍総理は、「コロナショックで民間の給与水準の先行きが心配されるなか、役所先行の定年延長が理解を得られるかどうかとの議論があるのは事実だ」とコロナ騒動に責任転嫁をしたが、おそらく黒川弘務東京高検検事長の賭《か》けマージャンが週刊文春にスクープされたことを察知した官邸が、黒川検事長が辞任するのであれば、法案を強行する意味はないと判断したのだろう。

多くの評論家は、「検察官の定年延長の部分が問題だったのだから、一般の公務員の定年延長まで道連れで廃案にするのは、いかがなものか」と評した。私も、定年延長自体には反対しないが、問題は定年延長後の公務員の処遇だ。これまでの報道によると、公務員は60歳台前半に、それまでの給与の7割を受け取るようになるという。民間がそうなっているというのが、その根拠だ。

たとえば、2019年の「賃金構造基本統計調査」によると、60歳台前半の平均年収は428万円と、60歳台前半よりも28％低くなっているから、3割減というのは妥当のようにみえる。

しかし、これは60台前半も、正社員として仕事を続けた場合の比較だ。民間企業の場合、定年後は短時間勤務に変わる場合が多い。また、現在の公務員の60歳を過ぎてからの再任用の場合でも、およそ半数が短時間勤務になっている。そこで、60歳台前半の短時間勤務者の平均年収をみると、１４０万円となっている。つまり60歳の定年後に短時間勤務者になると、年収が76％も減るのだ。

さらに、定年を機に零細企業に移るケースも多い。これまでに示してきた数字は、企業規模10人以上のものだが、「賃金構造基本統計調査」は５〜９人規模の零細企業の賃金も調査している。そこで、10人以上規模の企業の正社員が60歳を機に、零細企業に移った場合を考えると、年収が５９７万円から３８９万円と35％減少する。

実際、私の周囲でも、60歳の定年を機に再就職先を会社に面倒見てもらうと、年収が半分以下に落ちるというのが一般的だ。現状は、公務員でも、高級官僚が天下りするケースを除けば、同じような感じになっている。つまり、今回の国家公務員法の改正の本質は、60歳定年後に年収が半減していたものを、３割減に抑える、つまり60歳台前半の年収を40％くらいアップさせるということなのだ。

私は、日本の公務員は一生懸命働いていると思う。しかし、あくまでも公務員の処遇は、民間の平均でなければならない。民間と比べて、倒産やリストラのリスクがないのだから、民間の平均で十分だと思う。それを、公務員だけ、60歳台前半に民間よりもはるかに高い処遇を受けるという仕組みは、許されるべきではないだろう。

国家公務員法と検察庁法などの10本の法律の「束ね法案」は、検察官の定年延長の部分に議論が集中して、本来の国家公務員の部分の議論がほとんどなされなかった。だから、国家公務員法の改正案が再び提出されたら、民間処遇とのバランスをきちんと議論すべきだ。日本を役人天国の国にしては、絶対にならないのだ。

第6章

政策をゆがめた東京中心主義

■政府と東京都の対立と歪み

東京とその他の46道府県はまったく違う。その歪《ゆが》みは、2020年4月7日に政府が、東京都など7都府県に最初の緊急事態宣言を発出したときから始まっていた。早速、政府と東京都の対立が表面化したのだ。政府は、2週間程度自粛の効果を見極めたうえで、限定された業種に休業要請をする予定だったが、小池都知事は速やかに、より幅広い業種に休業要請をすべきだと主張したのだ。

結局、休業要請を出す業種の範囲は、東京都案では休業要請の対象だった理美容を対象から外すなど、政府と東京都の中間で妥協が図られ、東京都は4月11日からの休業要請実施に踏み切った。

政府と東京都が対立する原因の一つが、感染実態への認識の差だ。安倍総理は、人との接触を7～8割減らせば、コロナウイルスを1カ月程度で収束させることができると言った。しかし、それは、市中感染がさほど広がっていない場合だ。日本は大規模なPCR検査をしていないので、市中感染の実態が分からない。

ただ、安倍政権は感染状況を把握しないまま、新規感染者数を2週間でピークアウトさせ、1カ月で収束させるという目標を掲げて自粛に踏み切った。それは、橋の強度を確かめずに、国民に橋を渡らせるような賭けだった。結果的に、この賭けは失敗に終わった。2週間でピークアウトという目標は、ほぼ達成されたものの、39県の緊急事態宣言が解除されたのが5月14日、そして全国が解除されたのは5月25日だった。国民は48日もの間、緊急事態宣言下に置かれたのだ。そして、自粛は段階的に緩和され、6月19日には、東京都で接待を伴う飲食店を含むすべての業種の営業が再開され、全国の県間移動も解禁された。

ただ、私はそこで日本の新型コロナウイルス対策が最大の失敗をしたのだと考えている。政府は、「東京は別格だ」ということに気付かなかったのだ。いや、気付いていたのかもしれない。東京だけを切り離して管理することを嫌ったのだ。しかし、その姿勢が、第2波を招いてしまったのだと私は考えている。

まず、きちんとデータを振り返っておこう。図表6－1は、新規感染者数を、①東京：黒線、②千葉・埼玉・神奈川の南関東3県：グレー線、③その他の道府県（非南関東）：点線の3区分でみたものだ。

ただし、日々のデータだとブレが大きくなるので、新規感染者数を1週間分合計している。たとえば7月17日と書いてあるところは、直近1週間、すなわち7月11日から7月17日の累積新規感染者数だ。

このグラフから分かるのは、第1波のときは、ピークが3地域とも同じで、感染者数も非南関東、東京、南関東3県の順だった。ところが、5月22日以降、つまり緊急事態宣言解除以降も、南関東3県と非南関東がほぼ横ばいで推移しているのに対して、東京だけは、早速5月29日から増加に転じて、6月12日には、3区分のなかでトップに立つ。そして、南関東3県は、緊急事態宣言解除後4週後から増加に転じて、非南関東も5週後から増加に転じているのだ。つまり、東京の感染拡大が、1カ月のタイムラグをもって、千葉・神奈川・埼玉に伝播《でんぱ》し、さらに翌週には全国に飛び火しているのだ。

8月8日の読売新聞によると、国立感染症研究所の研究チームがウイルスの遺伝子分析をした結果、第1波の感染拡大では、欧州系統の遺伝子配列を持つウイルスが中心だったが、それは5月下旬にいったん収束した。だが、6月中旬、東京を中心に新たな遺伝子配列のウイルスが突然出現して、全国に広がっていったという。第2波の陽性患者の多くが、新しいタイプに属しているという。

図表6-1　3地域区分別の新規感染者数

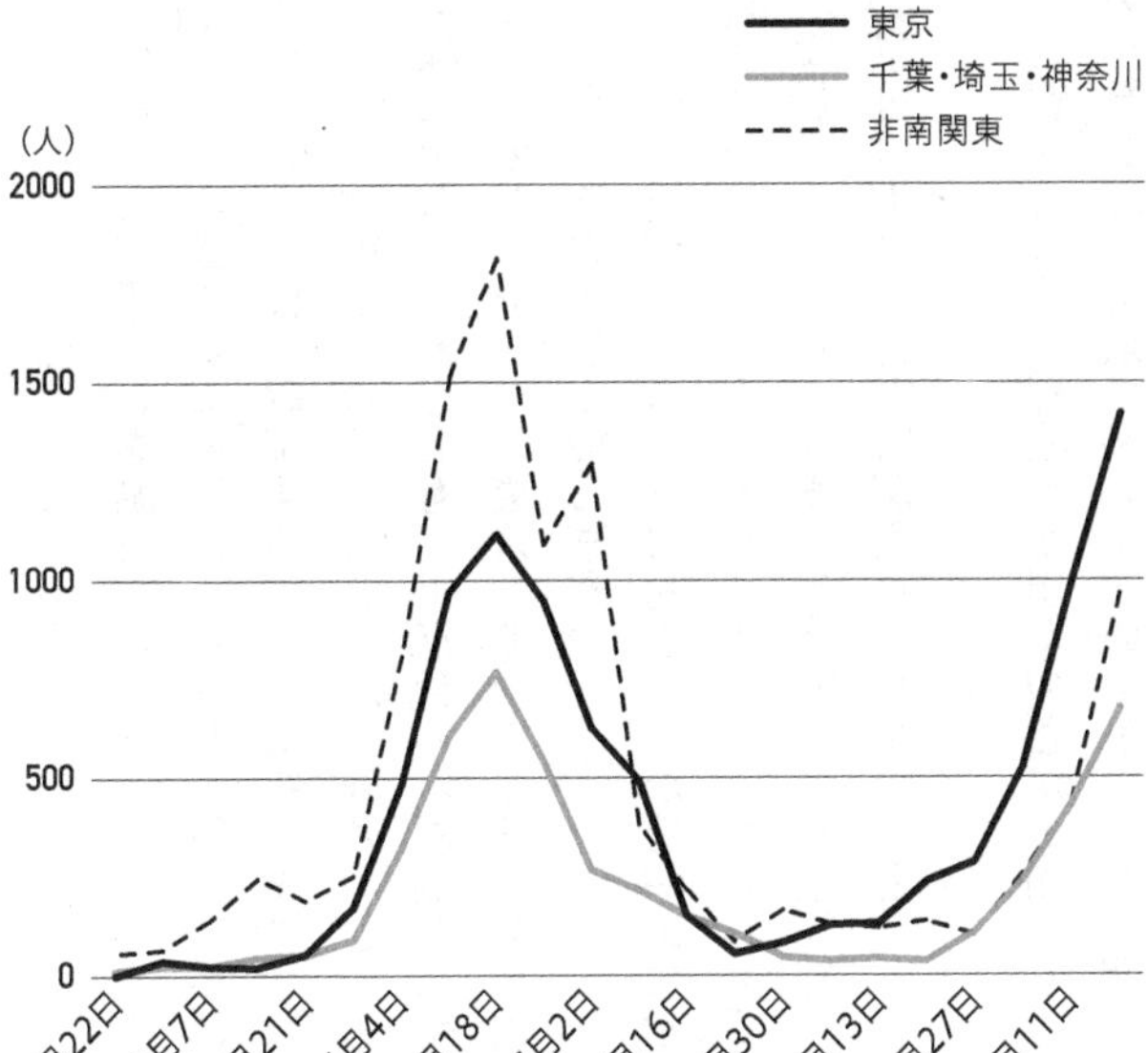

このことが、何を意味するのか。私は、こういうことだと考えている。緊急事態宣言下で国民は、マスクをつけること、手洗いを励行すること、一定のソーシャルディスタンスを取ることなど、新しい生活様式を身に付けた。そうした新しい生活様式の下では、東京以外の道府県では、新型コロナ感染は収束する。たまに新規感染者が発生しても、それは日本が得意とするクラスター対策で封じ込めることができる。ところが、東京だけは別だ。東京では、新しい生活様式を取ったとしても、東京自体が極端な過密の構造を持っているために、感染が増えていくのだ。そして、東京と他地域の往来を自由にしておくと、東京から感染が漏れ出して、全国を巻き込んでしまうのだ。

実は、そうした全国への伝播が、どのように起きるのかを明確に示したケースがある。6月30日から7月5日まで新宿シアター・モリエールで行われた「THE★JINRO―イケメン人狼アイドルは誰だ‼―」という舞台公演で起きた集団感染だ。1日2回公演で、130㎡の会場には、定員の半分の約90席が用意されていたという。その公演で、集団感染が発生したのだ。

出演者、スタッフ、観客から多くの感染者が出たのだが、図表6-2に示したように、感染者数が最も多いのが震源地の東京で36人、次いで多いのが南関東3県の18人、そして

図表6-2　シアター・モリエールでの感染の広がり

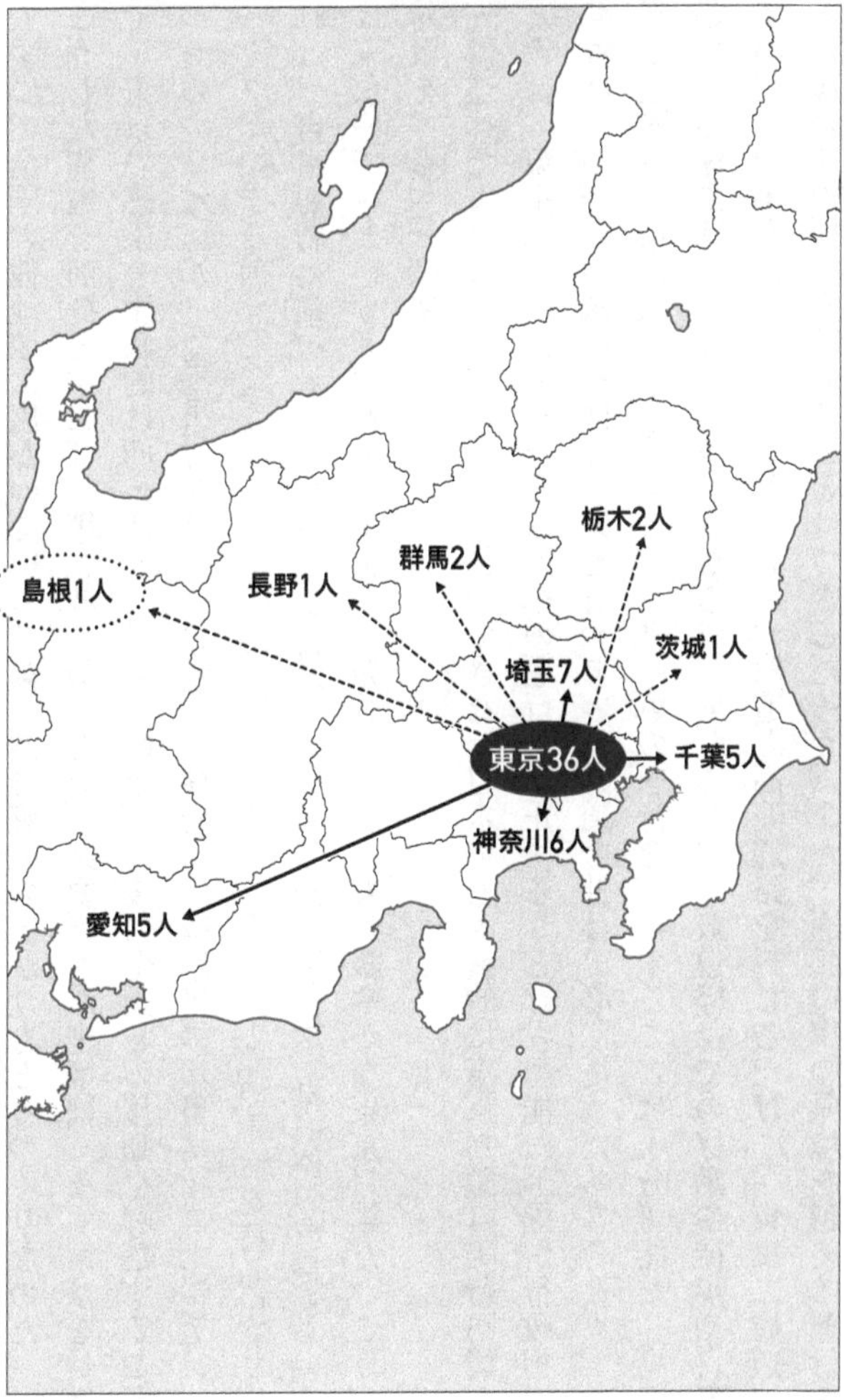

※2020年7月16日時点。

数人ずつ、全国の他地域に広がっている。第2波の感染の広がり方とそっくりなのだ。

こうした構造を前提とすれば、第2波を防ぐために必要だった施策は、まず東京を封鎖して、東京の感染を徹底的に抑え込み、感染が収束した後に全国との移動を解禁することだったのではないか。「東京封鎖」は、極論ではない。小池東京都知事は、ゴールデン・ウィークが始まる前、「ステイ・ホーム」と「ステイ・イン・トーキョー」を打ち出した。これは、自粛要請に基づく緩やかな東京封鎖だ。また、東京周辺の自治体の首長も、「いまは来ないで」というメッセージを次々に発した。これも、緩やかな東京封鎖だ。こうした対策を、もっと厳格にやるのだ。

先に述べたように、法律上都市封鎖ができない日本でも実質的に東京封鎖は実行可能だ。たとえば、東京都との県境を越える列車の運行を禁止することは、可能だ。国が行政指導をすれば、国からの認可を得て事業を行っている鉄道会社は、必ず従うだろう。

高速道路も、東京都との県境をまたぐ乗用車の通行を禁止することは十分可能だ。高速道路会社の株主は、100%政府だからだ。もちろん、一般道経由での移動や徒歩や自転車での東京脱出を抑えることは難しいが、鉄道と高速道路を封じるだけで、東京と周辺地域との移動を大幅に抑制することはできるだろう。また、通勤電車の県境を越える運行を禁止すれば、混雑も大幅に軽減するはずだ。

感染地域の封鎖は、世界の潮流であるにもかかわらず、こうした案が一切出てこないのは、政策決定に携わる人の多くが東京都民だからだろう。しかし、日本全体のことを考えたら、感染のリスクの少ない地域の経済は正常化し、東京のコロナ対策に資源を集中投入すべきなのだ。

■東京の自粛解禁が感染を拡大

ところが現実に起きたのは、第1波に伴う全国の自粛が解除されるなかで、感染拡大のリスクの高い東京が、逆に解除を急ぐという事態だった。

東京都は6月11日に、「東京アラート」を解除した。東京アラート発動の目安として東京都が示した数値指標は、①直近1週間平均の1日当たりの新規感染者数が20人以上、②感染経路不明者の割合が50％以上、③週単位の感染者数が増加の3つだったが、6月11日は、すべての指標がこの基準を下回ったと小池都知事は述べた。そして、東京アラート解除と同時に休業要請が「ステップ2」から「ステップ3」に6月12日から移ることも示された。これによって、パチンコ店や遊園地、ゲームセンターなどの遊技施設のほか、接待を伴わないバーやスナック、カラオケ店など遊興施設も営業自粛が解除され、飲食店の営業時間はステップ2の午後10時までから午前0時に延長された。

しかし、私は違和感を覚えた。6月11日の3つの判断指標は、ギリギリ達成という水準だったからだ。そして、その後も東京都は、経済の正常化に前のめりになった。小池都知事は、感染拡大を見て見ぬふりをしたのだ。

6月14日に47人もの新規感染者が明らかになったときも、小池都知事は、「これは夜の街に積極的なPCR検査をした結果なので、感染拡大ではない」と発言した。しかし、それを裏返せば、それまでは積極的に検査をしてこなかったということだ。実際、この日は歌舞伎町《かぶきちょう》のある店舗のホストクラブ従業員の集団検査の結果が判明しただけだった。つまり、東京は、掘れば掘るほど感染者が出てくる状況になっていたのだ。

さらに、6月19日から、政府の外出自粛のガイドラインがステップ2に移行したため、首都圏から全国への移動が解禁された。早速、新幹線や高速道路などを利用して観光などに出かける東京都民が一気に増えた。私は、この移動解禁が、せっかく収束しかけたコロナ感染を再び全国に広げるきっかけとなったのだと考えている。6月19日の東京の新規感染者数は35人で、これは東京アラートが発動された6月2日の34人を上回っていたからだ。採るべき施策は、東京からの移動を解禁することではなく、東京を封鎖することだったのではないだろうか。

しかし、多くの関係者が東京の「別扱い」をかたくなに拒んでいた。たとえば、5月14日の会見で、専門家会議の尾身副座長は、千葉・神奈川・埼玉の先行解除の可能性を問われて、「東京と生活圏を同じにしている」と解除に否定的な見解を述べたが、それは重大な事実誤認だった。たとえば、埼玉から東京都に通勤・通学をする「埼玉都民」は93万人と、人口の13％に過ぎない。同様に「千葉都民」は11％だ。9割近くの住民の生活圏は、実は県内で完結しているのだ。

小池都知事も、本音では、東京の孤立を嫌がっていたふしがある。埼玉県内で6月15日から28日までの2週間で判明した88人の新規陽性者のうち、半数以上の45人が東京都由来の感染が疑われる結果となった。この事態を受けて埼玉県の大野《おおの》元裕《もとひろ》知事は6月29日、記者団に「憂慮すべき状況にある」として、県民に向けて、「東京都内での大人数での会食や、都内の繁華街への外出は自粛してください」と話した。同時に、高齢者や基礎疾患のある人については、東京都への不要不急の訪問を自粛するよう呼びかけた。

翌日午前に小池都知事は、記者たちに対して、「コロナ対策というのは都と県の境という物理的な話だけではありませんので、これからも（首都圏での）連携を進めてまいりたいと思います」と、不快感を露《あら》わにした。

日本では、政治や経済や文化など、あらゆる機能が東京に集中していて、感染症対策を決めている人の大部分の人も、東京の住民だ。彼らが一人ぼっちになりたくないと考えているから、あるいはコロナ感染の震源地になっていると認めたくないから、東京封じ込めという発想が出てこないのだろう。しかし、感情で政策を決めてはいけないのだ。

■東京23区封鎖と全員PCR検査を

東京都では、7月2日から100人台の新規感染が6日間続き、7月8日に75人と一時的に減ったが、7月9日には、224人と過去最多の新規感染者数を出してしまった。その後、200人台の感染者数は、7月12日までで、4日間続いていた。誰の目にも第2波がやってきているのは確実だった。ところが、政府も東京都も、それを認めなかった。感染者数の増大は、ホストクラブ等の夜の街で積極的なPCR検査をした結果であり、重症患者が増えているわけではないというのが、その根拠だ。

ただ、感染は、職場や家庭、会食など、夜の街以外のところに確実に広がっている。7月11日の新規感染者206人のうち、ホストクラブなど「夜の街」関連は48人で、職場や家庭内、会食などでの感染が59人と、「夜の街」を上回った。感染経路不明者も、ほぼ半数に達している。しかも、PCR検査の陽性率が上昇して、7月11日には6％に達したことを考えると、東京で市中感染率が上がり始めていることは、間違いないのだ。

東京由来の感染者が南関東3県に広がり、それがさらに全国へと飛び火し始めている状況に危機感を覚えた小池都知事は、新型コロナウイルスの新規感染者が3日連続で100人を超えた7月4日に「不要不急の他県への移動は避けてほしい」と都民に呼びかけた。小池都知事のこの判断は正しかったと思う。しかし、小池都知事の発言に対して、西村経済再生担当大臣は、「高熱があったり、体調が優れなかったりする人は、他県への移動を控えてほしい」と話し、一般の人の県間移動は問題ないとの見解を示した。結局、小池都知事と西村大臣が話し合った結果、小池都知事は7月8日の会見で、西村大臣の判断に沿った形に見解を修正した。結局、小池都知事の他県への移動自粛は、たった4日間の幻に終わってしまったのだ。

政府は、経済再開に前のめりになっている。7月10日からは、イベントの入場制限を屋内・屋外ともに、収容人数の50％以内で、上限人数5000人へと緩和した。これによって、プロ野球もJリーグも観客を入れた試合を開始した。そして、あろうことか、国土交通省は、7月10日に、旅行代金の一部を支援して需要を喚起するＧｏ Ｔｏ トラベルキャンペーンを前倒しして、7月22日からスタートとすると発表したのだ。

政府は、再度の自粛要請をどうしても避けたい。仮に自粛要請をせざるを得なくなった場合でも、夜の街だけの自粛で済ませようと考えていたようだ。休業補償による財政負担を避けたいからだ。すでに単なる要請だけで国民をコントロールするのが難しくなっている。半年も続いたコロナ自粛で、飲食業や観光関連の業種の経営は、ギリギリのところまで追いつめられている。だから、営業を自粛させようと思えば、休業補償の支払いが不可欠になっているのだ。

ただ、私は夜の街だけに限定した自粛には反対だ。東京で市中感染が広がっているのが確実なのだから、夜の街の自粛だけでは感染を抑え込むことができないからだ。

そもそも、いったんは収束しかけたようにみえたコロナ感染が、なぜ東京を中心に再び増えてしまったのか。私の仮説は、シンプルだ。感染の原因は「密」だから、過密な東京は感染が拡大しやすいのだ。

私は、埼玉県で暮らしていて、どうしても仕事で必要なときにだけ、週に2～3回、通勤混雑時を避けて、短時間、東京を訪れている。そこで実感するのは、東京のとてつもない密度の高さだ。たとえば、郊外や地方の飲食店は、そもそも席の間が広く、稼働率が低いので、密にならない。ところが、東京の飲食店はびっしりと席が並んでいて、混雑している。政府は、席と席の間を１m以上離すように言っているが、そんな席数にしたら、家賃の高い東京では商売が成り立たないのだ。繁華街は人であふれ、通勤電車もぎっしり人で埋まり、人気のエンターテインメントには行列ができる。感染が拡大する条件が揃っているのだ。

そのことは、データでも実証されている。たとえば、名古屋工業大学の平田《ひらた》晃正《あきまさ》教授らのグループが、緊急事態宣言が解除された5月25日までのデータを分析したところ、「新型コロナウイルス感染症は人口密度が高い都道府県ほど感染拡大が続く期間や収束までの期間が長く、感染者数、死者数も増える傾向にある」との分析結果を6月17日に発表している。つまり、人口密度が高いほど、感染しやすくなり、そして長びくのだ。

東京が第2波の原因になっていることは、すでに国民のコンセンサスになっている。共同通信は、7月11日付のネットニュースで、次のように伝えている。

東京都の新型コロナウイルス感染者が連日200人を上回り、不安感が広がっている。週末を迎えた11日、東京と各地を移動する人たちは感染予防を徹底。慎重な行動を心掛ける声が相次いだ。

日本各地と結ぶ羽田空港。到着ロビーに出てきた大阪市の女性会社員（23）は、都内の病院で持病の検査を受けるために上京。「アルコールを持ち歩いてこまめに消毒し、友達とも会わずに（千葉県の）実家でおとなしくします」

都内の出張から大分市に戻る会社経営の男性（63）は「東京への出張を知られたら、地元では商売ができない。家族以外には言わないで来た。帰ったら消毒を徹底します」と声をひそめた。

国民だけではない。兵庫県の井戸敏三《いどとしぞう》知事は、7月9日に行われた県の対策本部会議で「諸悪の根源は東京」と口走り、あわてて撤回した。そして、2日後の7月11日には、菅官房長官が、北海道千歳《ちとせ》市で行った講演で、新型コロナウイルスの感染者拡大について、

図表6-3　都道府県別人口密度のランキング（昼間人口ベース）

都道府県	人口密度	都道府県	人口密度	都道府県	人口密度
東京都	7,549	佐賀県	342	岐阜県	200
大阪府	4,842	宮城県	341	山梨県	195
神奈川県	3,445	広島県	336	福井県	188
埼玉県	1,713	奈良県	333	鹿児島県	182
愛知県	1,481	長崎県	333	徳島県	182
千葉県	1,098	三重県	310	山形県	168
福岡県	1,052	群馬県	310	鳥取県	163
兵庫県	630	栃木県	305	宮崎県	162
沖縄県	628	石川県	276	長野県	160
京都府	576	岡山県	274	福島県	139
香川県	525	熊本県	244	青森県	135
富山県	520	愛媛県	244	島根県	104
静岡県	509	山口県	229	高知県	102
茨城県	466	大分県	229	秋田県	88
滋賀県	362	新潟県	222	岩手県	84
全国	348	和歌山県	200	北海道	64

※出所　総務省「国勢調査」2015年。

「この問題は圧倒的に東京問題と言っても過言ではないほど、東京中心の問題になっている」と指摘したのだ。

　私は、東京そのものが問題というよりも、東京の「密」が問題なのだと考えている。そこで2015年の国際調査に基づいて、昼間人口（従業地・通学先の人口）の人口密度を見たのが図表6－3だ。この表をみると、東京の人口密度が飛び抜けて高いことが分かる。東京の人口密度は、全国平均の20倍以上なのだ。東京の新型コロナウイルス感染が再拡大した原因は、この過密にあることは、間違いないだろう。

　もちろん東京でも、緊急事態宣言下のような厳しい自粛を求めれば、感染者数を減らすことが可能なことは分かっている。しかし、そんな自粛を長期間続けたら、東京の経済がもたない。

現在、政府は休業要請にも、東京の封鎖にも及び腰だ。重症患者数や死者数が、さほど増えていないからだ。ただ、政府が無策だと、確実に感染者数が増えていき、同時に全国に広がっていく。また、重症患者が少なくて医療崩壊が起きなくても、感染者数が増えること自体が、経済を失速させるのだ。たとえば、スーパーの従業員から新型コロナの感染者が出ると、店は消毒のために休業を余儀なくされる。プロ野球も8月1日にソフトバンクの長谷川勇也《はせがわゆうや》外野手に陽性反応が出たため、翌日の西武戦が中止となった。テレビ業界では、本人や共演者がPCR検査を受けただけで、結果が出るまでスタジオに入れなくなっている。こうした環境で、感染者が増えていくと、ビジネスが回らなくなるのは、明らかなのだ。

ただ、注意しておかなければならないのは、東京都内でも区市町村によって、人口密度が、とてつもなく違うということだ。図表6－4は、東京都の市区町村別人口密度のランキングをみたものだ。

東京23区は、すべて人口密度が1万人以上になっている。一方、檜原村《ひのはらむら》は20人、奥多摩《おくたま》

図表6-4　東京都の市区町村別人口密度のランキング（昼間人口ベース）

市区町村	人口密度	市区町村	人口密度	市区町村	人口密度	市区町村	人口密度
千代田区	73,162	江東区	15,153	立川市	8,263	瑞穂町	2,182
中央区	59,609	世田谷区	14,761	小平市	8,132	青梅市	1,202
港区	46,185	武蔵野市	14,328	東久留米市	7,199	あきる野市	952
新宿区	42,566	杉並区	14,092	多摩市	7,052	日の出町	613
渋谷区	35,679	練馬区	12,585	東村山市	6,995	八丈町	107
豊島区	32,064	大田区	11,439	清瀬市	6,301	神津島村	104
文京区	30,658	足立区	11,436	日野市	5,938	新島村	102
台東区	30,062	江戸川区	11,252	昭島市	5,851	利島村	101
品川区	23,819	葛飾区	10,699	町田市	5,520	大島町	88
墨田区	20,275	三鷹市	10,093	羽村市	5,240	三宅村	47
中野区	20,094	西東京市	9,977	福生市	5,174	青ヶ島村	38
目黒区	20,029	狛江市	9,265	東大和市	5,102	小笠原村	30
荒川区	19,095	小金井市	9,226	武蔵村山市	4,413	奥多摩町	23
北区	16,000	調布市	9,169	稲城市	3,828	御蔵島村	21
板橋区	15,770	国分寺市	9,139	八王子市	3,092	檜原村	20

※出所　総務省「国勢調査」2015年。

町《まち》は23人に過ぎない。島しょ部や町村部を封鎖する必要がないことは明らかだろう。だから、たとえば平方キロメートル当たり1万人の規模を封鎖するとすれば、東京23区と武《む》蔵《さし》野《の》市、三《み》鷹《たか》市だけを封鎖すればよいことになる。

もちろん、封鎖しただけでは意味がない。封鎖したうえで、その地域の昼間人口全員に対して、ＰＣＲ検査を実施し、陽性者を隔離するのだ。これは決して極論ではない。むしろ、世界が採っている標準的なコロナ対策だ。

そうしたことを実施したら何が起きるのか。私は「発見される」感染者数が数万人から数十万人規模になる可能性が高いと考えている。

東京の感染率に関しては、先に述べたよう

に、厚生労働省が6月1日から7日にかけて住民を無作為抽出して抗体検査を行った結果が発表されている。そこでの感染率は、0・1％だった。だが、この調査はまったく信用できない（その理由は82～84ページで述べた）。

一方、ナビタスクリニックグループは、新宿区と立川《たちかわ》市で、希望者に対する抗体検査を行い、その結果を公表している。厚生労働省とは異なる検査キットが使われているので、直接の比較はできないというが、5月末までに1071人に検査を行って、陽性率は3・83％（95％信頼区間：2・76％～5・16％）だった。地域別にみると23区は4・68％（95％信頼区間：3・08％～6・79％）、23区外は1・83％（95％信頼区間：0・68％～3・95％）だった。

仮に東京中心部の感染率が3％だとすると、東京23区プラス武蔵野、三鷹の昼間人口1263万人のなかに38万人の感染者が潜んでいることになる。その感染者を発見し、隔離するのだ。

1263万人もの検査を短期間で行うのは難しいと思われるかもしれない。実際、東京のPCR検査能力は、6500人程度と言われているから、そのままの能力では1年近くかかってしまうことになる。

しかし、5月に市民全員の検査を行った中国の武漢市では、19日間で検査を終えている。武漢市の人口は1100万人と、東京23区に近い。そして、武漢市の1日の最大の検査件数は、147万人に達した。武漢の検査については、10人分の血液を混合して検査するといった粗暴なやり方が批判されている。それでも、全員検査の発想さえない日本よりも、ずっとましだと思う。また、日本では、強制的な検査はできないという人もいるが、いくつかの予防接種は全員にやっているのだから、できないことはないだろう。

ニューヨーク市の事例にも触れておこう。ピーク時に1日6000人以上の感染者を出したニューヨーク市の新規感染者数は、2020年8月下旬現在100人未満に抑えられている。感染抑制の最大の要因は、誰でも何回でも無料で受けられるPCR検査だ。無料検査を受けるときには、在留資格を聞かれることはない。つまり、不法滞在者まで含めて幅広く検査することで、感染実態を明らかにしようとしているのだ。だから、隔離も、封じ込めも、効率的に行えるのだ。

問題は、検査数だ。ニューヨーク市の1日当たりの最大検査件数は3万7368件。平均で2万8000件ほどだ。これは瞬間風速というよりも、この程度の検査が日常的に行われている。ニューヨーク市の人口は、840万人だから、東京都の人口1400万人と比べるとずっと少ない。つまり、東京と同じ人口だったとすれば、ニューヨーク市は1日6万件のPCR検査を行うペースになっている。小池都知事は、東京のPCR検査数を10月までに1日1万件に引き上げるという目標を掲げているが、その目標がいかに低いかは、明らかだろう。

なぜ、日本は検査を拡大できないのか。実は日本でも自由診療でPCR検査を受けられる。しかしそれには3万円程度の自己負担が必要だ。医師が必要と認めれば、保険診療として検査が受けられる。ところが、保険を使った検査は、国立感染症研究所の積極的疫学調査の業務委託という形になっているので、複雑な事務手続きが必要になるのだ。私は、PCR検査を感染研の管理から切り離すべきだと思う。もっと言えば医療から切り離してもよい。現在のPCR検査は医療行為の扱いになっているので、医師しか検査ができない。しかし、唾液《だえき》によるPCR検査なら感染リスクは低く、素人でも検体採取は十分可能だ。そして、民間企業が自由に検査をできるようになれば、コストが大幅に下がるだろうし、何より検査数の爆発的拡大が可能になるのだ。

私は、コロナの感染拡大防止と経済再生の二兎《にと》を追ってはいけないと思う。感染がずるずると続けば、経済もずるずると落ちていく。だから、感染拡大防止と経済の再生の二兎を追うのではなく、まずは徹底的にコロナ感染を収束させる。そうすれば、その後には、自由な活動が可能になるからだ。

そのために絶対に必要なのが、完全に感染の中心となった東京の封鎖（ロックダウン）なのだ。第2波を収束させたら、まず、感染の中心である東京都心部を封鎖して、東京都心部以外の経済をすぐに通常に戻す。東京のGDPは全国の2割だ。仮に封鎖期間中に東京のGDPが2割落ちたとしても、封鎖期間が1カ月の場合、日本全体のGDPへの影響は0・3％に過ぎない。

また、東京と千葉、埼玉、神奈川の経済は一体だから、東京だけを封鎖しても意味がないと多くの論者が唱えているが、それも間違っている。都内に通勤・通学している人のうち県外から来ている人の割合は、2割に過ぎない。その都外からの通勤者は、封鎖期間中はリモートワークにすればよいし、どうしてもリモートができない場合は、東京に宿泊してもよい。幸か不幸か、東京のホテルには多くの空室があるからだ。

第7章　これからどうしたらよいのか

最後に、コロナ禍に対して、今後、我々がどのように立ち向かっていくべきなのかを考えていこう。コロナ対策には短期的対策と長期的対策の2つがある。まずは、短期的対策から見ていこう。

■まず日本モデルの失敗を認めるべきだ

「出掛けるな　出掛けてください　出掛けるな」。政府のＧｏＴｏトラベルキャンペーンが前倒しで始まった2020年7月22日、私が出演するニッポン放送「垣花正《かきはなただし》あなたとハッピー！」に寄せられたリスナーからの川柳だ。

ＧｏＴｏトラベルキャンペーンは、初日から大混乱となった。キャンペーンが始まっているのにもかかわらず、感染対策を完了してキャンペーン対象として認定された宿泊施設がどこなのか、まったく明らかになっていなかったからだ。宿泊施設がキャンペーンの対象になるための認定申請が始まったのが、キャンペーン前日だから、そうなって当然だった。

そして混乱をさらに大きくしたのは、国民が本当に旅行に出かけてよいのかまったく分からなかったことだ。キャンペーンの前日に、小池百合子東京都知事が、「不要不急の外出はできるだけ控えてほしい」と言う一方で、菅義偉官房長官は「3密を避けて感染対策を十分に行った上でキャンペーンを活用」と言って、政府と東京都の間で大きな見解の隔たりが露呈した。さらに、キャンペーン当日、日本医師会の中川俊男《なかがわとしお》会長は、「4連休は県境を越える移動や不要不急の外出を避けてほしい」と呼びかけた。一体、誰の言うことを信じたらよいのか、国民は答えを見いだせなかったのだ。

私は、全国の観光業を守りたいという政府の気持ちはよく理解できる。観光業の書き入れどきは、ゴールデン・ウィークと夏休みと年末年始の3回だ。コロナの影響でゴールデン・ウィークが完全な空振りとなったのだから、これで夏休みまで空振りしたら、観光関連で倒産する会社が続出してしまう。だから何とかしたいと考えるのは、もっともだ。しかし、コロナ感染が第1波を超える大きさまで拡大している状況で、何も対策をせずに観光を拡大したら、何が起きるのかは、誰が考えても分かることだ。実際、キャンペーンが始まってから感染は全国に広がり、東京以外の地域で、過去最大の感染者数となるところが続出したのだ。

私は、まず「日本モデル」の失敗を認めることから始めるべきだと思う。日本モデルの特徴は、国民に自粛を求めるだけで、大規模なPCR検査を実施せず、都市封鎖も行わないことだ。それは、第1波の抑え込みという形で、一時的に成功したように見えた。しかし、その成功体験、あるいは慢心が、世界で唯一、感染第1波を上回る規模の第2波を招いてしまったのだ。前章で述べたように、私は日本の命運を変えたのは、緊急事態宣言解除後の東京の扱いだったと思う。東京の感染は収束していなかった。にもかかわらず、東京の自粛要請を解除し、東京から都外への移動を解禁してしまった。この「東京由来」の感染拡大が、第2波の正体なのだ。

すでに全国に広がってしまった感染第2波は、本稿執筆時点（2020年9月上旬）で収束の目途が立っていない。とりあえず、この第2波を収束させることが当面の課題だ。第2波が全国に広がってしまった以上、それを収束させる方法は、一つしかない。ゴールデン・ウィークにやったように人との接触を7～8割削減する自粛要請を出すことだ。もちろん、休業要請に関しては、きちんと補償をすべきだ。厳しい自粛を求めれば、感染がピークアウトすることは、第1波のときに経験済みだから、政治的な決断をすれば、いますぐにでもできる。

ただ、そのとき、重要なことは、東京の感染を完全に収束させないといけないということだ。東京だけは、自粛だけで収束させることは不可能だというのが、第1波のときの大きな教訓だった。では、どうしたらよいのか。

私は、ＧｏＴｏトラベルキャンペーンは、政府の勇み足だったと考えているが、一つだけ高く政府を評価している点がある。それは、東京をキャンペーンの対象から外したことだ。これまで政府は東京が第2波の震源地であることを認めてこなかったが、東京をキャンペーンから外したことで、「東京が危ない」、「東京が震源地だ」ということを政府が公式に認めたことになるのだ。

そのことを前提とすると、とりあえず全国一律の自粛要請によって第2波を収束させた後に、政府がやらなければならないことは、日本モデルを捨て、新型コロナウイルス対策を世界標準のやり方に変えることだと思う。世界標準は、感染地の封鎖と徹底的なＰＣＲ検査、そして陽性者の隔離だ。具体的には、東京23区を封鎖して、区民全員に大規模なＰＣＲ検査を行い、陽性者を隔離するのだ。ただし、ここでいう区民は常住者ではなく、東京23区に通勤・通学する人だ。東京23区の昼間人口は約1200万人だが、それを2週間程度で一気に検査して隔離する。それをやれば、陰性と判定された人は、胸を張って旅行に出かけることもできるようになるのだ。

ただ、この考えを感染症の専門家にぶつけると、「その通りだ」という人がいる一方で、現実的にはできないという人が多い。最大の理由は、検査体制が整っていないということだ。では、新型コロナの感染拡大から半年以上も経つのに、なぜ検査体制が整わないのか。たとえば、検査キットが足りないという人がいる。しかし、PCR検査キットは、東洋紡などの日本メーカーも出荷を始めている。技術は確立しているのだから、増産に次ぐ増産を重ねればよいのだ。検査をする医師が足りないという人もいる。しかし、いまやPCR検査は、唾液《だえき》でもできるようになっている。唾液を集めるだけなら、アルバイトでもできるはずだ。結果の分析に関しても大量検査ができる機械を日本メーカーが開発しており、すでに海外では使われている。

つまり政府が覚悟さえ決めれば、全員検査は、すぐにできることなのだ。現実がそうならないのには、感染症対策の失敗を認めたくないという政府の事情と、既得権を守りたいという医療界・厚生労働省の事情があるのかもしれない。

私がとても不思議に思っていることがある。いまPCR検査は、検査を希望すれば医師の指示がなくても、一部のクリニックでは、自由診療で受けることができる。その費用は3万円から4万円だ。なぜそんなに高いのだろうか。たとえば、中国の武漢市で6月に

９９０万人に対するＰＣＲ検査をしたときの費用は、１４０億円だった。１人当たりの費用は、わずか１４１０円だ。もちろん、武漢では10人分の血液を混合して検査をしているので、単価は安くなるのだが、そのことを考えても、日本のＰＣＲ検査の高価格は異常だ。

また、東京23区民全員という大量発注をすれば、当然単価は下がるから、おそらく１万円程度の単価で検査を行うことは、不可能ではないだろう。ＧｏＴｏトラベルキャンペーンから東京を外したことで、その分予算は浮いているはずだ。だから、東京23区民に対しては、とりあえずＧｏＴｏトラベルキャンペーンではなく、ＧｏＴｏＰＣＲ検査キャンペーンをやるべきなのだ。

もちろん、東京23区民全員に検査をしたら数十万人規模の陽性者が出てくるだろう。しかし、それでも問題はない。大部分が無症状なのだから、感染拡大防止を考えるなら国立競技場や有明アリーナなど、五輪で準備した大規模施設を使って隔離すればいいだろう。彼らは、陽性者なのだから、密になっても感染するリスクはないからだ。

■いまこそ首都機能移転を

新型コロナウイルス感染の第2波がいつ収束に向かうのか、2020年9月上旬時点ではまだ見通しが立たない。しかし、仮に収束したとしても、東京の過密を放置する限り、第3波を避けることはできないだろう。また、新型コロナウイルス以外のウイルスによる感染症が広がる可能性も否定できない。国民が安心できる日常を取り戻すためには、東京の過密を緩和することを考えていかなければならないのだ。

そのために最も効果的な手段は、首都機能を地方へ移転させることだろう。首都機能というのは、国会と中央官庁と最高裁のことだ。もしかしたら、首都機能移転は荒唐無稽《むけい》な政策だと思われる方もいるかもしれない。しかし、日本は、すでに法的にも首都機能を移転させることになっているのだ。

経緯を書いておこう。バブルの絶頂期、1990年11月7日に衆・参両院において下記の決議がなされた。

わが国は、明治以来近代化をなしとげ、第二次世界大戦後の荒廃から立ち上がり、今日の繁栄を築きあげてきた。今後の課題は、国民がひとしく豊かさを実感する社会を実現し、世界の人々との友好親善を深め、国際社会に貢献していくことである。

わが国の現状は、政治、経済、文化等の中枢機能が首都東京へ集中した結果、人口の過密、地価の異常な高騰、良好な生活環境の欠如、災害時における都市機能の麻痺等を生ぜしめるとともに、地域経済の停滞や過疎地域を拡大させるなど、さまざまな問題を発生させている。

これら国土全般にわたって生じた歪を是正するための基本的対応策として一極集中を排除し、さらに、二十一世紀にふさわしい政治・行政機能を確立するため、国会及び政府機能の移転を行うべきである。

政府においては、右の趣旨を体し、その実現に努力すべきである。

右決議する。

バブル期に生じた東京一極集中の弊害があまりに大きかったため、国会も首都機能を移転させることを決断したのだ。

そして、それは法律という形で、実を結んだ。1992年12月24日に「国会等の移転に関する法律」が成立したのだ。その第一条には、次のように書かれている。「国は、国会並びにその活動に関連する行政に関する機能及び司法に関する機能のうち中枢的なもの(以下「国会等」という。)の東京圏以外の地域への移転(以下「国会等の移転」という。)の具体化に向けて積極的な検討を行う責務を有する」。つまり政府は三権の中枢を東京以外に移転させる責務を負っているのだ。

そして、この法律に基づいて、国会等移転審議会が設置され、1999年12月20日に審議会は答申をまとめた。この答申のなかで、審議会は、移転先候補地に関する総合評価を行い、その結果、移転先候補地として、北東地域の「栃木・福島地域」と東海地域の「岐阜・愛知地域」の2カ所に絞り込んだ。これを受けて国会は、2000年5月18日に再び決議を行い、2年を目途に候補地を一本化することを求めたのだ。

ところが、これを最後に国会は動きを止めてしまう。国会が一極集中を問題にした1990年の東京都の人口は1185万人だったが、2020年には1400万人と、18・1%も増えてしまった。その結果、1990年に国会が懸念した通りの問題が噴出した。たとえば、銀座《ぎんざ》5丁目の鳩居堂《きゅうきょどう》前の路線価は、2020年は、1㎡当たり4592万円と、バブル経済のピークだった1992年の3650万円を25・8%も上回っている。はがき1枚分の土地が68万円というのは、誰がどう考えても異常だろう。

住宅やビル開発のため、農地もどんどん減っていった。1990年に1万1500haあった東京の農地は、2018年に6790haと41%も減少した。自然環境が大きく失われてしまったのだ。

幸いなことに、災害時における都市機能の麻痺《まひ》というのは、とてつもない規模では経験していない。それは、莫大《ばくだい》な投資をして、東京の防災機能を高めてきたからだ。たとえば、埼玉県春日部《かすかべ》市にある首都圏外郭放水路だ。「地下宮殿」とも呼ばれる大規模な地下空間に増水時の荒川《あらかわ》から水が取り込まれる。2019年の台風19号のときには、東京ドーム9杯分、1200万㎥の水を排水した。そして、もう一つ荒川の氾濫《はんらん》を防ぐための施設が、さいたま市の荒川彩湖《さいこ》公園だ。台風19号の際にはこの公園が調整池の役割を果たして、東京ドーム31杯分、3900万㎥の水が貯められた。この2つの施設の存在によって、荒川の氾濫は防がれたのだ。しかし、そうした対策をしても、台風19号の際に荒川は氾濫寸前まで増水したのだ。

東京都は、「東京都豪雨対策基本方針」で、23区では、時間雨量75㎜に耐えられるように、治水対策を講じることにしているが、令和2年7月豪雨では、鹿児島県鹿屋《かのや》市で時間雨量が110㎜を記録している。線状降水帯は、どこで発生するか分からない。つまり、荒川はいつ氾濫しても不思議ではないのだ。もし、荒川の堤防が決壊すれば、東京の3分の1が水没することになる。東京が壊れてしまうのだ。

東京が壊れる可能性は、もう一つある。それが首都直下地震だ。中央防災会議の被害想定によると、冬の夕方、風が強いという最悪のケースでは、全壊または焼失する建物は61万棟にのぼり、死者はおよそ2万3000人に達する。首都直下地震が起きる可能性を政府は、「今後30年以内に7割の確率」としている。しかし、私は今後数年以内に発生する可能性が極めて高いと考えている。宮城県沖の大地震（東日本大震災）から、福島沖、茨城沖、そして千葉沖と、徐々に震源地が南下しているからだ。

原因が水害にしろ、地震にしろ、東京の都市機能が麻痺したら、日本は致命的な打撃を受ける。政治も、文化も、経済も、日本はすべての中心を東京に置いてきたからだ。

だから、新型コロナウイルス感染第2波の震源地が東京になったことは、東京一極集中への一種の警告ではないかと、私は考えている。豪雨も地震も目前に迫っている。グズグズしている暇はないのだ。

では、具体的にどうしたらよいのか。私は、移転先候補地の一つである福島県に首都機能を移すことが最も望ましいと考えている。

「福島」に移転すべきと考える最大の理由は、福島の復興につながるからだ。

福島の東日本大震災と原発事故からの復興は、国を挙げた取り組みをすることになっているのだが、現実には、遅々として進んでいない。福島県の人口は２０２０年7月現在で１８３万人と、東日本大震災前直前の２０３万人から、20万人も減少している。

現地に立法、行政、司法の中心を移せば、報道などの民間の事業所も設置せざるを得なくなるから、現地に大きな雇用が生まれ、人口も増える。国会等移転審議会が描いた新首都のイメージは、面積が最大８５００haで、人口は最大56万人としている。移転に必要な費用は、公的負担が4兆４０００億円、民間投資が7兆９０００億円の合計12兆３０００億円となっている。

実は、１９９０年代当時、私は首都機能移転に反対していた。それだけ莫大な費用をかけることに、本当に意味があるのか疑問に思っていたからだ。ただ、水害や地震のリスクが高まるなかで、東京一極集中の弊害は許容限度をすでに超えていると思い始めていた。

そこに、東京が新型コロナの第2波の震源地となったことで、首都機能移転の必要性は、私のなかで確信に変わった。

福島への首都機能移転は、東京の過密解消によって災害による都市機能の麻痺や災害対策の司令塔喪失を防ぎ、感染症の拡大を阻止し、そして福島の復興を促進するという3つのメリットがある。ただ、そのほかに、もう一つの大きな効果がある。それは、国会と官僚が地方の視点で物事を考えられるようになることだ。日本のコロナ対策が後手後手に回った一つの大きな原因は、彼らが上から目線、すなわち東京中心の発想から抜け出せなかったことにある。もし全国の視点でコロナ対策を考えていれば、必ず東京封鎖というアイデアが出てきたはずだ。もし、感染の第1波が収束した後、東京から全国への移動を封じて、東京に対して徹底的な感染対策を採っていれば、第2波を全国に広げることはなかったのだ。

さらに、首都機能を東京から切り離すことは、官僚の利権と癒着と腐敗を防ぐ効果もある程度持つだろう。官僚が、国のことだけを考えて業務に専念できる環境に置かれるからだ。研究者が研究に専念できるように、筑波《つくば》に研究学園都市を造ったのと同じ発想だ。

ただ、現実に首都機能移転が進むのかと言えば、その可能性は非常に小さいと言わざるを得ない。法律と国会決議で移転先を決めるべきだとされてから20年が経つが、一向に政府が動かないからだ。野党は、臨時国会の開催に応じない政府に対して、「憲法に違反している」と非難を続けているが、なぜか首都機能移転の「違法状態」に関しては、一言も発していない。

残念ながら、国が目覚めるのは、豪雨か地震で、東京が壊滅的な被害を受けた後になるのかもしれない。

■東京を「レッドゾーン」に

中長期的な新型コロナ対策としては、首都機能移転は重要な選択肢であるが、その実現に加えて、新型コロナウイルスから国民と経済を守るためには、もう一つの戦略を重ねる必要がある。それは、東京を日本から切り離すという戦略だ。

感染第2波で分かったことが一つある。それは、新型コロナウイルスが「弱毒化」している可能性があるということだ。たとえば、第1波が襲った2020年4月は、1万2190人が感染して、391人が死亡した。ところが、第2波の7月は、1万7621人が感染して、39人が死亡している。7月は新規感染者数が4月を上回っているのに、死亡者数は10分の1になっているのだ。もちろん、新規感染と死亡の間にはタイムラグがある。ただ、8月の死亡者数が287人にとどまっていることを考えると、新型コロナウイルスで死亡する確率が、感染第1波のときよりも下がっていることは、ほぼ間違いないだろう。

新型コロナウイルス自身の生き残り戦略を考えると、強毒のままでは、繁栄を続けられない。宿主の人間が死んでしまうと、自分も道連れになってしまうからだ。それよりも、弱毒化して人間の命を奪わず、感染中に他の宿主を見つけにいったほうが、種の繁栄のためにはずっと有利になるのだ。実際、新型コロナウイルスは、短期間で変異を繰り返していることが分かっているから、そうした弱毒化の戦略が採られている可能性は十分高いとみられる。

もちろん、感染症の専門家のなかには、弱毒化を否定する人もいる。死亡者数が減っているのは、医療側に新型コロナウイルスへの対処法が普及してきているからだというのだ。アビガンやレムデシビルなどの投与や人工呼吸器の使用など、完璧《かんぺき》な治療法が見つからない中でも、対症療法は確実に進化している。それが死亡者数を減らしているというのだ。

私には、どちらが正しいのか分からないが、いずれにしても新型コロナウイルスに感染しても、死ににくくなっていることは確かだ。

もちろん、だからと言って、感染防止策を採らずに、集団免疫を目指すべきだとは、私は思わない。いまの状態でも高齢者が感染すれば、重症化しやすく、死亡する確率も高いからだ。

ただ、高齢者を疎開させ、青壮年層だけのコミュニティーを作れば、感染症対策を採らずに、自由に経済・社会活動を行うことが可能になる。私は、東京をそうしたコミュニティーにすればよいのではないかと考えている。東京をぐるりと深い森で取り囲み、そのなかに感染症や資本主義を封じ込めるのだ。

大都市を封鎖するという政策は、「グリーンベルト構想」と呼ばれて、昔から存在するものだ。１９２４年にアムステルダムの国際都市計画会議でグリーンベルト構想が提唱されたのを受けて、日本でも１９３２年に東京緑地計画協議会が設置され、１９３９年には東京緑地計画が策定された。そのなかで、都心から15㎞から20㎞の地帯をグリーンベルトとして整備することにしたのだ。そして「東京緑地」は実際に整備が進められた。ただ、太平洋戦争中の食料不足を解消するために、東京緑地は農地として活用されていた。戦後、ＧＨＱがそれを農地と見なしたため、農地改革によって東京緑地は農地として解放され、大部分が消滅してしまった。いまなお残る小金井《こがねい》公園、神代《じんだい》植物公園、砧《きぬた》公園、舎人《とねり》公園、水元《みずもと》公園などは、東京緑地の名残だ。その東京緑地を復活させればよいのだ。

そして、東京緑地の外側を「グリーンゾーン」、内側を「レッドゾーン」として、日本に「一国二制度」を導入する。レッドゾーンは、グローバル資本主義を徹底する。これまでの政府がやってきた政策の延長線上だ。レッドゾーンは、世界中から外国資本や外国人がやってくる世界都市にする。法規制も徹底した市場原理主義を貫き、弱肉強食を許容する。イメージとしては、外資系企業で採られているシステムだ。たとえば、マッキンゼーでは「アップ・オア・アウト」という仕組みが採用されている。毎年の年俸改定交渉の際に、ノルマを引き上げて年俸を上げるか、会社を辞めるかを迫られる。ずっと右肩上がりで業績を拡大し続けることなどできないから、ほとんどの社員は数年でクビになる。しかし、それで構わない。会社は、福祉施設ではないからだ。つまりレッドゾーンは、経済の「戦場」とするのだ。新型コロナを含む感染症の対策も一切採らず、過密を許容して、集団感染を目指す。感染症に関しても、戦場にするのだ。東京を強いものだけが生き残れる弱肉強食都市にするということだ。

一方、グリーンベルトの外のグリーンゾーンは、かつて日本が「社会主義」と呼ばれて

図表7-1　東京緑地計画の区域

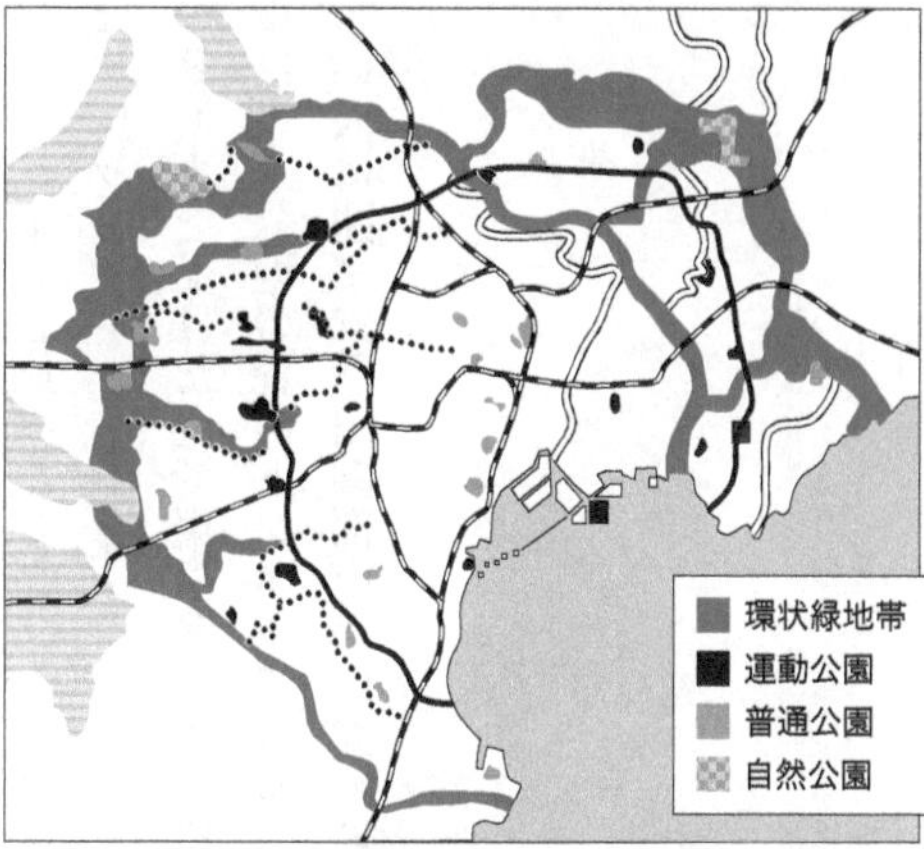

昭和14（1939）年。このときの東京緑地計画は、東京府及び神奈川、埼玉、千葉、茨城、山梨の各県にわたる広範な東京地方緑地計画を決定していた。この図は東京付近を示している。

※出所　森永卓郎『グローバル資本主義の終わりとガンディの経済学』集英社インターナショナル（2020年8月）より／国土交通省「平成12年建設白書」。

いた時代を目指す規制に戻していく。たとえば、企業による営農を禁止し、種子法を復活、種苗法を廃止して、農家に自家採種を認めるようにする。大店法を復活させ、商店街に活気を取り戻す。外国人や外国法人による土地所有を禁じる。派遣労働を全面禁止し、解雇を厳格に規制するとともに、同一労働同一賃金を厳しく適用する。感染症に対しては、適切な社会的距離をとるなどの新しい生活様式を採り入れた上で、感染の封じ込めを図る。それは、難しいことではない。もともとグリーンゾーンは、過密ではないからだ。レッドゾーンからグリーンゾーンに人が移動する場合は、ＰＣＲ検査の陰性証明を必須として、感染症が漏れ出ることを防止する。

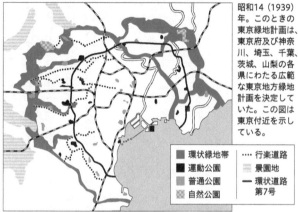

レッドゾーンと比べたらグリーンゾーンには、十分な所得機会はなくなるだろう。その時は、レッドゾーンに出稼ぎに出ればよい。1年、2年と、レッドゾーンで稼いだら、PCR検査を受けた上で東京発の列車に乗り、グリーンゾーンを目指す。しばらくすると、列車は東京緑地の森のトンネルに入る。トンネルを抜けた先には、自然豊かで、安全で、優しい人に囲まれた田園都市が待っている。それが日本の望ましい未来なのではないだろうか。

エピローグ——日本の大転落はすでに始まっている

新型コロナウイルス感染症の世界的拡大のなかで、私がいま一番気になっている指標は、為替レートだ。これまで大規模な危機や戦争などのリスクが高まると、必ず円高が起きた。東日本大震災のときでさえ、円高になった。「有事の円買い」というのは、経済の専門家の間では常識だったのだ。ところが、今回は、対ドル為替は円高にならなかった。

一体、何が起きたのか。私は、世界が日本に期待しなくなったのだと思う。たとえば、日本のモノづくりは、とてつもなく弱体化している。実際、これまで毎年10兆円程度の黒字を出してきた貿易収支が、2019年はわずか3812億円と、貿易黒字が激減しているのだ。2016年のSNA産業連関表で計算すると、農林水産業全体の金額ベースの自給率は87%だが、情報・通信機器の自給率は56%と、農業よりずっと低いのだ。国産のスマホを使っている人が少数派であることを思い浮かべれば、日本の製造業の衰退は明らかだろう。

国内でマスクが手に入らない事態が長期間続いたのも、製造業の凋落《ちょうらく》の象徴だ。かつての日本であれば、需要が急増したら、設備を増やし、24時間操業で供給を確保しただろう。それができなくなっているのだ。

製造業の凋落を放置すると、投機筋に円安を仕掛けられたときの防衛が難しくなる。輸出型製造業を擁していれば、円安になったら、それを武器に輸出をどんどん拡大できる。しかし、輸出産業を失うと、ずるずると円安が進んでしまい、日本がハゲタカの餌食《えじき》になる。

ただでさえ、経済が弱体化しているときに、今回の新型コロナウイルス対策で、日本は致命的な失敗をした。東アジア・オセアニア地域は、ファクターXによって、新型コロナに感染しにくく、重症化しにくく、死亡しにくいという幸運に恵まれたにもかかわらず、それを活かすことなく、大規模PCR検査もしなければ、ロックダウンもしないという世界の非常識に走って、ずるずると感染を拡大させて、さらに自粛の継続で経済を傷つけ続けているのだ。

すでに、中国も韓国も日常生活を取り戻し、経済活動も復活している。そのなかで、私が最も手本にすべきだと考えている国がある。日本と同じ島国のニュージーランドだ。

ニュージーランドでは2020年3月25日にロックダウンや検査と追跡の強化、感染者や濃厚接触者の隔離を行うレベル4の対策を実施した。その効果で感染者が急速に減り、6月8日に陽性患者がゼロになった。それを受けて、すべての経済活動や移動が自由になり、マスクも社会的距離も不要になった。8月11日には、102日ぶりに、最大都市オークランドの同一世帯の4人に新型コロナウイルスの陽性反応が出た。ジャシンダ・アーダーン首相は、翌日12日正午から、オークランドをロックダウン（都市封鎖）すると発表した。300人以上の新規感染者を出しても、東京をロックダウンできない日本と比べて、ニュージーランドの対応の素早さとトップのリーダーシップの強さは、ずば抜けている。

実は、6月に、ニュージーランドのコロナ対策がいかに的確で優れているかをラジオで力説していたら、それを聞いたニュージーランド在住の方から、6月24日に直接メールをいただいた。ご本人の許可をいただいたので、それを転載して、本書の締め括《くく》りとしたい。

森永卓郎さま

はじめまして。わたしは、ニュージーランド在住の日本人です。『大竹まこと ゴールデンラジオ』6月22日放送分をポッドキャストで拝聴してメールさせてもらいました。森永さんがラジオの中でニュージーランドのコロナ対策についてお話しされているのを聞いて、「その通り！」と頷けて嬉しくなりました。ご存知の通り、ニュージーランドは国内感染の封じ込めに成功しました。6月9日から世間は通常に戻っています。現在、まだ国境は閉鎖されており、国民や永住権保持者の帰国入国のみに開放されている状況で、感染者0名が25日間続いた後、先週末から入国者による感染者が再度発生して来ていますが（国内の移動が解禁されたためでしょうか？インドからの帰国者の感染が特に多く出ています）、感染経路の不明な国内感染は無いので、生活は安心して送ることができています。

今回の日本のコロナ対策を外側から観察していて思うことですが、日本は、ニュージーランドと同じ島国で、地理的にも環境的にもよく似ているので、もしかすると、初めての感染者が出た時点で国境を閉じていれば、国内感染は確実に防げたのかもしれません。「人口の数的にそれは無理な話だ」という意見があるでしょうが、封じ込めと国内感染の蔓延のどちらに対して人口の多さがネックになるかと考えたら、どちらも変わりはないような気がします。そうであれば、「国民や経済の維持に有効的にするにはどちらの対策を選べばいいのか？」を先に考える必要があったようにも思います。

現実的に、経済の流れを止めない感染対策を取ったスウェーデンも、経営者の自殺や歳入の30％減少と、経済の打撃は避けられていませんし、加えてもちろん、感染者や死亡者数はかなりの数に上っています。結局は、「政府が優先したいものが何か？」

つまりは、その国の「主義」のようなものが今回のこの出来事では浮き彫りになっているると思います。

コロナ感染を抹消することが不可能ならば共に生きていかねばなりませんが、そのためには、国民（人間）に課せられるストレスが最小限に抑えられていることが必要不可欠であると考えます。そういう面でニュージーランドは、人々が行動する（経済を維持していく）にあたってはストレスフリーでいられますし、そのぶん活動にも力が入れられます。首相のジャシンダ・アーダーンがロックダウンを宣言した時、経済の流れを止めたくない野党からバッシングを受けましたが、その時に彼女は、

「経済を作り出すのは人間です。人間の安全が確証されていないと経済の復興はありません」

と発言しました。これには深く頷きました。

経済大国へと成長した日本は、なんだかそういう、人道の基本的な部分を忘れているように見えてなりません。戦後、日本がこれだけの先進国になったのも、すべては「人」の命があってのことではないでしょうか。ＡＩの力ではないはずです。将来、一日も早くその点を考えられる国のリーダーが登場してくれることを願って止みませ

ん。

突然のメール失礼しました。読んでいただき、ありがとうございます。これからも、ラジオの拝聴を楽しみにしています。

（ウェリントン／ニュージーランドより）

おわりに

本書を脱稿したあと、2020年8月28日の夕刻に安倍総理が、体調不良を理由とする辞任の意向を示し、9月14日の自民党総裁選で菅義偉官房長官が後任に選ばれた。この「おわりに」の執筆時点では、官邸内の官僚人事は明らかになっていないが、確実に起きるのは、財務省の復権だと私は考えている。

安倍総理は、自民党のなかでは数少ない「反財務省」の政治家だった。消費税率の引き上げを2度も延期したのがその証拠だ。それまで霞が関の絶対王者だった財務省の力を抑え込むため、内閣人事局を設置することで、官僚の人事権を握るとともに、経済産業省出身である今井尚哉秘書官を官邸事務方のトップに据えて、霞が関を経済産業省支配に変えたのだ。

アベノミクスの金融緩和・財政出動路線が可能になったのも、この体制が功を奏したからだ。しかし、権力は必ず腐敗する。安倍総理も終盤は、森友学園、加計学園、そして桜を見る会と、権力の私物化が目立つようになった。そのなかで、最も大きな打撃となったのが、森友学園の問題だ。「私や妻が関与していれば、総理も議員も辞める」と大見得を切ってしまった安倍総理を守るため、財務官僚は公文書偽造や国会での事実上の偽証まで行ったのだ。ここで大きな借りを作ってしまった安倍総理は、２０１９年10月の消費税増税を止められなかった。景気は２０１８年10月をピークに後退に向かっていた。景気後退下での消費税増税は絶対の禁じ手であるにもかかわらず、断行せざるを得なかったのだ。それが経済の失速をもたらした。そこにコロナショックが加わったことで、２０２０年４～６月期の実質ＧＤＰは、前年同期比９・９％の減少と、アベノミクスで膨らませたＧＤＰ増を一瞬で失ってしまったのだ。

菅義偉新総理の下では、官邸内で財務省が復権するのは確実だろう。経済産業省が安倍総理という後ろ盾を失い、今井秘書官がコロナ対策で様々な失策を重ねたからだ。学校の一斉休校、アベノマスク、星野源氏とのコラボ動画、困窮世帯に限った30万円給付案。評判の悪い政策は、すべて今井秘書官が主導したものだと言われている。

ただ、財務省が復権すれば、必ず彼らは増税にひた走る。補正予算で講じた57兆円の財政資金を取り戻すため、本文で述べたように、コロナ特別税で所得税に11％の上乗せを25

年間続けるとか、消費税率を20年間1％上乗せするといった増税だ。もちろん、不況のなかでそんなことをすれば、日本経済はますます悪化する。日本は、確実に「衰退途上国」に転落していくだろう。

もう一つ重要なことは、安倍総理が辞任会見で、新型コロナウイルス感染症を感染症法上の2類相当から外す方針を明らかにしたことだ。どこまでやるのかは、現段階で不明だが、感染者の病院やホテルでの隔離が不要になり、感染経路の徹底的な追跡も行われなくなる。「野放し」とは言わないが、要は新型コロナの根絶を放棄するということだ。本文でも取り上げた「集団免疫」を目指す方向へと政策を切り替えたのだ。

秋以降、気温が下がってくると第3波が日本を襲うと指摘する感染症の専門家は多い。私も、そうなると思う。そこで、何が起きるのかと言えば、多くの高齢者が亡くなるということだ。

厚生労働省の「新型コロナウイルス感染症の国内発生動向」（7月15日現在）によると、新型コロナに感染した場合の死亡率は、全体では4・4％だが、20代以下は0・0％、30代で0・1％、40代で0・4％、50代で1・0％、60代で4・7％、70代14・2％、80代以上28・3％だ。60代でも感染すれば20人に1人が死亡する。80代なら3割だ。

亡くなるのは高齢者ばかりだから、新型コロナウイルス感染を封じ込めなくても、労働力人口は奪われず、経済への影響はきわめて小さい。口に出すことはないだろうが、政府は、年金財政が好転することを踏まえて、高齢者の死亡数増はむしろ望ましいと考えているのかもしれない。

だから、ひとつだけ警告をしておこうと思う。感染リスクの高い大都市に居住する高齢者は、死にたくなければ、いますぐ避難を考えるか、巣ごもりをすべきだ。そして、中長期的には郊外や地方への移住を考えた方がよいだろう。日本は経済規模で転落しただけでなく、お年寄りを大切にしない国に堕落してしまったのだ。

森永卓郎（もりなが・たくろう）
1957年7月12日生まれ。東京都出身。経済アナリスト、獨協大学経済学部教授。東京大学経済学部卒業。日本専売公社、経済企画庁、UFJ総合研究所などを経て現職。主な著書に『なぜ日本だけが成長できないのか』『消費税は下げられる！』『雇用破壊』『親子ゼニ問答（森永康平氏との共著）』（角川新書）、『年収200万円でもたのしく暮らせます』（PHPビジネス新書）、『グローバル資本主義の終わりとガンディーの経済学』（インターナショナル新書）など。『年収300万円時代を生き抜く経済学』（光文社）では、“年収300万円時代”の到来をいち早く予測した。執筆のほか、テレビやラジオ、雑誌、講演などでも活躍中。50年間集めてきたコレクションを展示するB宝館が話題に（所在地：埼玉県所沢市けやき台2－32－5）。
B宝館オフィシャルサイト　http://www.ab.cyberhome.ne.jp/~morinaga/

なぜ日本経済《にほんけいざい》は後手《ごて》に回《まわ》るのか

森永卓郎《もりながたくろう》

2020年10月10日　初版発行
2024年4月5日　3版発行

◆◇◇

発行者　山下直久
発　行　株式会社KADOKAWA
〒102-8177　東京都千代田区富士見2-13-3
電話　0570-002-301（ナビダイヤル）

装丁者　緒方修一（ラーフイン・ワークショップ）
ロゴデザイン　good design company
オビデザイン　Zapp!　白金正之
印刷所　株式会社KADOKAWA
製本所　株式会社KADOKAWA

角川新書
 ISBN978-4-04-082379-9 C0233